선생님이 만든 좔좔 글읽기

2권 생활글

2권 생활글

초판 1쇄 2015년 3월 20일
초판 3쇄 2024년 9월 13일

지은이 서울경인특수학급교사연구회

펴낸이 방영배
디자인 신정난
펴낸곳 다음생각

주소 경기도 고양시 일산동구 중앙로 1261번길 19 호수광장빌딩 204호
전화 031-955-9102 **팩스** 031-955-9103 **이메일** nt21@hanmail.net
출판등록 2009년 10월 6일 제 406-2510020090000124호
인쇄·제본 TPA 코리아 **종이** 월드페이퍼
ISBN_(전3권) 978-89-98035-37-2(64700)

※ 책값은 표지 뒤쪽에 있습니다.
※ 파본은 본사와 구입하신 서점에서 교환해 드립니다.
※ 이 책은 저작권법에 의하여 보호를 받는 저작물이므로 무단 전재와 복제를 금합니다.

책이 나오기까지

〈서울경인특수학급교사연구회〉는 통합교육과 특수교육의 여건이 제대로 마련되지 않았던 90년대 초에 서울, 경기, 인천의 초등학교 특수학급 교사들이 모인 이래 지금까지 계속되고 있는 연구 모임입니다. 그동안 함께 모여 공부하고 올바른 교육의 방향에 대해 고민하면서 새로운 통합 프로그램 등을 만들어 보급해 왔습니다. 어떻게 하면 좋은 수업을 할 수 있을지 연구하여 여러 가지 수업 자료를 개발하기도 했습니다. 『선생님이 만든 좔좔 글읽기』도 이런 고민과 연구 과정을 거쳐 나온 책입니다.

읽기를 배우는 데 오랜 시간이 걸리는 아이들의 경우 좋은 교재와 다양한 방법으로 가르쳐야 함에도 마땅한 자료와 프로그램이 없어 고민이 많았습니다. 그래서 연구회 교사들은 2010년부터 국어 교육에 관한 연수를 들으며 국어 교육과정을 분석하고 국어의 각 영역별 목표 체계를 정리했습니다. 회원들이 각자의 국어 수업 사례를 발표하며 좋은 국어 수업 방법에 대해 고민한 끝에 2012년에 읽기 이해력 향상을 위한 자료를 만들었습니다. 총 25명의 현장 교사들이 직접 글을 쓰고, 읽기 이해 문제와 관련 활동지를 만들었습니다. 이 읽기 교재를 수업에 활용해 보니 아이들이 흥미 있게 수업에 참여하고 독해력이 향상되는 것을 알 수 있었습니다. 그동안 아이들에게 맞는 자료를 일일이 수정해 만드느라 애썼던 선생님들도 이 자료를 활용해 훨씬 수월하게 활동적인 수업을 할 수 있었다고 합니다.

이 책을 출판하기까지 많은 시간과 노력이 필요했습니다. 그 과정에서 여러 사람들에게 도움을 받았습니다. 덕원예고에서 미술을 전공하는 학생들이 약 1,200컷의 그림을 정성껏 그려 주어 책의 내용이 더욱 풍부해졌습니다. 그리고 도서출판〈다음생각〉에서 의미 있는 결정을 내려 준 덕분에 이 책이 만들어질 수 있었습니다. 자원봉사로 수고해 준 덕원예고 학생들과 편집 작업에 애써 준〈다음생각〉출판사 분들께 깊은 감사를 드립니다.

여러 아이들의 다양한 특성에 맞는 단 하나의 교재란 있을 수 없습니다.
다만 『선생님이 만든 좔좔 글읽기』가 특수학급, 특수학교, 또 다른 교육 현장에서 국어 수업을 좀 더 풍요롭게 할 수 있는 자료가 되면 좋겠습니다. 아이들이 이 책으로 재미있게 공부할 수 있기를 바랍니다.

서울경인특수학급교사연구회

책의 특징

우리나라 아이들은 일찍부터 한글을 배우기 시작하여 초등학교에 들어가기 전에 이미 글을 줄줄 읽는 경우가 많습니다. 이를 반영하듯 초등학교 국어 교과서는 처음에 낱자 학습 및 단어 읽기를 다루다가 난이도가 급격히 높아집니다. 1학년 1학기 말쯤 되면 실제로 10문장 이상의 긴 글을 읽을 수 있어야 수업을 따라갈 수 있습니다. 한글을 깨치지 못한 상태로 입학하는 아이들의 경우 국어 수업에서 어려움을 겪을 수밖에 없습니다. 따라서 이제 막 문장 읽기를 시작하여 글을 유창하게 읽고 이해하는 데까지 많은 시간이 걸리는 학생들의 특성을 고려한 적합한 교재가 필요합니다.

이 교재는 학생의 연령에 맞는 좋은 문장으로 학습자의 속도에 맞게 읽기 이해력을 높일 수 있도록 개발하였습니다. 읽기를 배우는 데 오래 걸리는 아이들도 좋은 글을 읽고, 글에서 정보를 얻고, 글을 읽는 즐거움을 가질 수 있게 하고자 합니다.

1. 짧은 글을 읽고 내용을 이해할 수 있도록 다양한 활동으로 구성했습니다. 문장 읽기 수준에 있는 학생들은 누구나 이 책으로 독해 공부를 할 수 있습니다. 특수학급이나 특수학교에 재학하는 초·중·고 학생, 읽기에 어려움을 가지고 있는 학습 부진 학생, 한글을 배우기 시작하는 다문화 학생이나 재외교포를 대상으로 하는 한글교실에서도 사용할 수 있습니다.

2. 각 단계는 읽기 이해의 수준별로 분류해 제작하였습니다. 1단계의 목표는 1~2문장을 읽고 이해하는 것이며 마지막 4단계의 목표는 글의 구조를 이해하는 것입니다. 단계에 따라 글의 길이, 문장과 어휘의 난이도, 질문의 난이도가 높아집니다.

3. 다양한 종류의 글을 접하도록 제시하였습니다. 생활글, 실용적 정보를 주는 글, 문학 작품(시, 이야기), 노랫말, 일기, 설명글 등 다양한 글을 통해 읽기 이해력을 높이도록 하였습니다. 초등국어교육과정의 목표와 내용체계를 고려하였고 초등교육과정에서 다루는 주제를 선정하여 교사들이 직접 글을 썼습니다. 그림책이나 시와 같은 문학 작품을 선정한 경우에는 전문을 제시하여 학생들이 문학 작품 전체를 느끼도록 하였습니다. 실생활에서 정보를 주는 글을 바로 읽고 활용할 수 있도록 실용글 읽기를 제시했습니다.

4. 읽기 이해 능력을 중심으로 접근하지만 듣기, 말하기, 쓰기를 함께 배울 수 있도록 다양한 활동을 제시하였습니다. 읽기 이해 능력은 읽기 기술만을 따로 가르치는 것에 의해 향상되지 않으며 다른 영역과 총체적으로 접근하는 것이 바람직하기 때문입니다. '글마중, 신나는 글읽기, 이야기 돋보기, 낱말 창고, 우리말 약속, 뽐내기'라는 꼭지를 두어 활동적인 수업이 되도록 제시하였습니다.

5. 읽기를 천천히 배우는 아이들의 특성을 고려하여 충분히 공부할 수 있도록 단계를 세분화하였습니다. 학생들의 연령과 특성에 맞게 선택하여 제시할 수 있도록 같은 수준의 자료를 다양하게 준비하였습니다.

책의 구성

'글마중'에는 배워야 할 전체 본문을 제시했습니다. 읽기가 서툴러 짧은 글을 읽는 아동이라 하더라도 국어 교육 목표에 따라 문학 작품 등을 부분만 제시하는 것은 바람직하지 않습니다. 아직 술술 읽는 것이 어렵지만 읽기를 재미있게 받아들일 수 있도록 완성도 있는 짧은 글을 그림과 함께 제시하였습니다.

'신나는 글읽기'에서는 본문의 내용을 쉽게 파악할 수 있도록 글에 관련된 여러 활동을 제시하였습니다. 다양한 방법으로 읽기, 그림으로 전체 내용 파악하기, 내용과 관련된 듣기·말하기 활동 등으로 구성되어 있습니다. 이 꼭지를 통해 아이들은 읽기 활동을 재미있게 느낄 것입니다.

'이야기 돋보기'는 문장의 구조를 활용하여 내용을 파악하기 위한 반복적인 연습문제로 구성되어 있습니다. 본문의 문장을 나누어 제시하고 글의 내용에 관한 질문에 답하도록 문제를 제공하였습니다. 단계에 따라 문장의 길이, 문제의 난이도, 단서 수준, 답을 쓰는 방법을 달리하였습니다.

'낱말 창고'에서는 본문에 있는 낱말 중 어려운 낱말을 선정하여 낱말 뜻 익히기나 쓰기 활동, 맞춤법, 어휘 관련 활동을 제시하였습니다. 본문의 낱말과 관련된 여러 어휘를 제시하여 어휘력 향상을 꾀하였습니다.

'뽐내기'는 본문과 관련된 다양한 쓰기와 표현 활동으로 구성하였습니다. 반복적인 쓰기 연습만으로는 아이들 스스로 쓰기 표현을 즐길 수 없습니다. 글마중의 내용과 관련된 쪽지도 쓰고, 그림도 그리고, 만들기도 하면서 쓰기를 즐겁게 느낄 것입니다. 1단계에서 문장 완성하기부터 시작하여 마지막 단계에서는 글의 주제와 종류에 따라 글을 쓰는 방법까지 다루게 됩니다.

'우리말 약속'에서는 아이들이 익혀야 하는 말본지식(문법)을 이해하기 쉽게 제시하고 반복 연습을 통해 익히도록 합니다. 자모음 체계 익히기, 품사와 토씨(조사) 등의 문장구조 익히기, 어순대로 쓰기, 이음말(접속사) 익히기 등 말본지식을 활용할 수 있도록 다양한 활동을 제시합니다.

책의 꼭지 활용 방법

- 〈글마중〉에 나온 글을 다양한 방법으로 읽게 해 주세요. 적당한 속도로 정확하게 읽을 수 있어야 글의 내용을 이해할 수 있습니다. 문장을 읽기 시작한 아이들의 경우 소리 내어 읽는 것은 매우 중요합니다. 자기가 읽은 것을 들으며 읽은 내용을 이해하기 때문입니다. 눈으로 읽은 것을 바로 이해하는 묵독을 할 수 있는 단계가 되기 전까지는 다양한 방법으로 소리 내어 읽는 활동을 많이 해 보는 것이 좋습니다. 읽기의 유창성과 정확도를 높이면 읽기 이해력도 향상됩니다.

  읽어 주는 것 듣기, 교사가 한 문장이나 한 구절씩 읽으면 따라 읽기, 중요한 단어나 구절만 따로 읽기, 입 맞추어 함께 읽기, 구절 나누어 읽기, 번갈아 읽기, 돌아가며 읽기, 혼자 읽기 등의 방법을 활용하면 좋습니다. 아이가 읽은 것을 녹음해 다시 듣게 하거나 친구와 서로 읽어 주는 방법도 동기 유발에 좋습니다.

- 〈신나는 글읽기〉와 〈뽐내기〉는 표현 활동이므로 학습지만 활용할 것이 아니라 실제 활동을 통해 익히도록 해 주세요. 노래를 함께 부르고, 동작을 만들어 보세요. 주제와 관련하여 말하기, 동작, 음률, 미술, 몸짓, 놀이 등 다양한 표현 활동과 연계하여 활동적인 수업을 해 보세요. 이렇게 통합적으로 접근하면 아이들의 자유로운 표현 능력이 향상되고 흥미 있게 참여할 것입니다. 다양한 활동을 통해 자연스럽게 말하기, 쓰기 표현 능력이 향상될 수 있도록 연계하여 지도할 수 있습니다.

- 〈이야기 돋보기〉는 이해 목표에 따른 반복 활동으로 연습을 할 수 있게 되어 있습니다. 문장 단서와 그림 단서를 활용하는 방법을 알려 주세요.

지도 교사 도우미

- 〈꼭지별 내용 체계〉는 주제에 관한 꼭지 구성이 어떻게 되어 있는지 한눈에 볼 수 있도록 표로 정리되어 있습니다. 수업 계획을 세울 때 활용하거나 평가할 때 체크리스트로 사용해도 좋을 것입니다.

- 〈좀 더 활용해 보세요〉는 지도시 참고사항이나 수업 아이디어를 제공하였습니다.

너도나도 이야기해요.	듣기, 말하기와 관련된 활동을 소개하였습니다.
같이 읽어요.	주제와 관련하여 아이와 함께 읽어 보면 좋을 책을 소개하였습니다.
마음대로 나타내요.	주제와 관련된 다양한 쓰기 표현 활동을 제시했습니다.
함께 놀아요.	주제에 맞는 과학, 미술, 음악, 놀이, 연극 놀이, 자연 놀이, 요리 활동 등 다양한 통합 활동이 포함되어 있습니다.

- 「선생님께 한마디」는 교사가 참고할 만한 지도 방법을 학습지 하단에 제시한 것입니다.

3단계의 목표와 내용 구성

★ 3단계는 글의 종류에 따라 3권의 책으로 엮었습니다.
  - 3단계 1권은 생활 주변에서 흔히 볼 수 있는 광고, 안내문, 설명서 등 실용글과 짧고 쉬운 설명글을 제시했습니다.
  - 3단계 2권은 일기와 생활글로 구성했습니다.
  - 3단계 3권은 전래동요와 이야기로 구성했습니다. 3단계 이야기는 이야기의 구조가 있는 짧은 글을 엄선하여 실었습니다.

★ 3단계의 목표는 다음과 같습니다. 단, 제시 방법에 따라 목표를 조정할 수 있습니다.
  - 읽기 : 5~8문장의 짧은 글을 읽고 내용을 파악할 수 있다.
          3~5문장을 읽고 주요 내용, 원인과 결과를 알 수 있다.
  - 듣기·말하기 : 주제에 맞게 내용을 간추려 말할 수 있다.
                바른 어법으로 새로운 어휘를 익혀 알맞게 사용할 수 있다.
  - 쓰기 : 주제와 관련하여 2~5문장으로 스스로 표현해 쓸 수 있다.
  - 문학 : 문학작품을 읽으며 즐거움을 느끼고 다양한 작품을 선택해 읽을 수 있다.
  - 문법 : 꾸밈말, 토씨의 쓰임을 알고 문장을 순서대로 쓸 수 있다.

전체 구성	1권 〈실용글, 설명글〉	2권 〈생활글〉	3권 〈전래동요, 이야기〉
글마중	글마중에 실려 있는 본문은 5~8문장의 짧은 글로 제시하였습니다. 한 문장은 4~6어절이 넘는 문장으로 구성되어 있고 복문이 포함된 문장도 제시했습니다. 1권은 글에서 정보를 얻는 방법을 배우는 데 초점을 두었습니다. 2권은 생활문을 스스로 쓸 수 있도록 다양한 글을 제시하였습니다. 3권은 구조가 있는 이야기와 재미있는 전래동요를 통해 문학 읽기의 즐거움을 느끼도록 했습니다.		
신나는 글읽기	본문의 전체 내용을 표에 채워 써 봄으로써 글의 내용을 파악하도록 했습니다. 글과 관련된 사전 지식, 관련 활동을 재미있게 제시했습니다.		
이야기 돋보기	글마중의 본문을 3~5문장씩 나누어 제시했습니다. 문장으로 된 4지 선다형 보기를 고르거나 단문으로 답하도록 했습니다.		
낱말 창고	본문에 나오는 기본 어휘나 그와 관련된 새로운 어휘를 확장해 익히도록 했습니다.		
우리말 약속	1권에서는 꾸밈말(관형어, 부사어)을, 2권에서는 토씨(조사)의 쓰임을 배우고, 3권에서는 순서에 따라 문장 쓰기를 배우도록 했습니다.		
뽐내기	주제와 관련하여 2~5문장의 글을 스스로 쓰도록 활동을 제시했습니다. 쓰기 전 활동을 제시하여 쓸 내용을 간추리고 나서 쓸 수 있게 했습니다.		

꼭지별 내용 체계

2권 생활글

주제	글마중	신나는 글읽기	이야기 돋보기	낱말 창고	뽐내기	우리말 약속
일기	수민이 일기 (제목에 맞게 일기 쓰기)	글의 전체 내용 찾고 제목 쓰기	3~4문장 읽고 질문에 답하기	어제, 오늘, 내일 'ㅔ'와 'ㅐ' 바르게 쓰기	하루에 있었던 일 중에 일깃감 고르기 제목과 관련된 일 간추리고 일기 쓰기	- 임자말을 돕는 토씨 '이, 가, 은, 는' - 부림말을 돕는 토씨 '을, 를'
일기	종호 일기 (느낌 생생하게 쓰기)	묵찌빠 놀이하고 느낌 표현하기	3~4문장 읽고 질문에 답하기	느낌을 표현하는 말 알맞게 골라 쓰기	짧은 일기 뒤에 맞는 느낌 쓰기 가족과 놀이를 한 후에 느낌을 살려 일기 쓰기	
일기	은수 일기 (경험이나 관찰한 일을 자세히 쓰기)	일기 전체 내용을 표에 간추리기	3~4문장 읽고 질문에 답하기	흉내 내는 말 알맞게 채워 쓰기	관찰 대상을 골라 특징을 간추리고 글 써보기	- 장소를 나타내는 토씨 '에, 에서' - 시간을 나타내는 토씨 '에'
일기	기동이 일기 (일이 일어난 순서대로 쓰기)	원인과 결과에 따라 글 정리하기	3~4문장 읽고 질문에 답하기 글의 순서 찾기	다치다, 닫히다	경험한 일을 순서대로 정리하고 일기 쓰기	
일기	은솔이 일기 (따옴표를 넣어 생생하게 쓰기)	일기내용과 관련된 대화 내용 읽고 따옴표 써 보기	3~4문장 읽고 질문에 답하기	어울리는 느낌을 나타내는 말을 고르고 한 말을 따옴표 안에 쓰기	글을 읽고 한 말을 따옴표 안에 써보기 따옴표를 넣어 일기 써 보기	
생활글	우리는 친구	소개말 연결하기	5~6문장 읽고 질문에 답하기	성격을 나타내는 말 익히기	친구를 소개하는 글 쓰기	- 도구나 재료를 나타내는 토씨 '로, 으로'
생활글	미안해	편지의 구성 알기	3~4문장 읽고 질문에 답하기	꾸밈말 쓰기	사과하는 마음을 담은 편지 쓰기	
생활글	영훈이는 좋겠다	부러움을 나타내는 표현 하기	5~6문장 읽고 질문에 답하기	비행기와 관련된 낱말 익히기	부러웠던 경험에 대해 글 쓰기	

주제	글마중	신나는 글읽기	이야기 돋보기	낱말 창고	뽐내기	우리말 약속
생활글	대청소하는 날	부모님을 도운 일에 대해 쓰기	3~4문장 읽고 질문에 답하기	비슷한 것을 나타내는 표현 익히기	가족을 기쁘게 하거나 슬프게 한 일에 대해 쓰기	- 접속조사와 부사격 조사로 쓰이는 '와, 과' - 사람이나 동물 뒤에 붙이는 '에게'
	엄마 몰래 먹은 라면	엄마가 할 말 상상해서 쓰기	3~4문장 읽고 질문에 답하기	맛을 표현하는 말 익히기 반대말로 문장 만들기 '꼭~같았다'는 표현으로 문장 쓰기	엄마 몰래 한 일에 대해 글 쓰기 라면이라면 맛있게 끓이는 법 소개하기	
	할아버지랑 나랑 똑같아요	높임말로 고쳐 쓰기	3~4문장 읽고 질문에 답하기	높임말로 고쳐 쓰기		
	배 타러 가자고요?	같은 소리 다른 뜻 낱말 찾기	4~6문장 읽고 질문에 답하기	소리는 같지만 뜻이 다른 낱말로 문장 만들기		
	떡 박물관	꽃산병 만드는 방법 쓰기	3~4문장 읽고 질문에 답하기	떡 이름 익히기	떡살 무늬 그리고 설명하기	

좀 더 활용해 보세요

 차근차근 시작하는 생활글 쓰기

　3단계의 2권은 일기와 생활글을 담고 있습니다. 아이들의 삶에서 일어나는 여러 가지 일이 모두 생활글 글감이 될 수 있기에 생활글 범위는 매우 다양합니다. 이 교재는 글을 읽고 이해하기에 중점을 두고 있지만 말과 글을 따로 생각할 수는 없습니다. '뽐내기' 꼭지에서 쓰기 활동을 많이 제시한 이유도 읽기와 쓰기를 함께 엮어내기 위해서입니다. 그렇다면 글쓰기 지도는 어떻게 하는 것이 좋을까요?

① 말과 글을 어떻게 연결할까?

　문자언어만을 두고 생각했을 때, 보통은 읽기가 어느 정도 가능해야 쓰기를 할 수 있다고 봅니다. 우리가 외국어를 배울 때 작문을 가장 어려운 단계로 인식하는 이유는 문자언어와 음성언어의 차이 때문입니다. 말을 할 때는 문장의 형식을 갖추지 않고 기본적인 낱말 나열만으로도 의사소통이 가능한 경우가 많습니다. 그러나 글쓰기는 최소한의 문장 형식을 갖추어 써야 한다는 부담이 따르게 됩니다.

<u>말이 곧 글이고, 글이 곧 말임을 인식하는 과정</u>

　어떤 아이들은 말로 어느 정도 의사표현을 하는데도 자신이 말한 것을 글로 나타내기를 어려워합니다. 기본적인 철자법을 알고 있어도 낱말이 아닌 문장을 쓰라고 하면 막연히 어려움을 나타냅니다. 이런 아이들은 말이 곧 글이고 글이 곧 말임을 인식할 수 있는 과정이 필요합니다. 교사가 아이들의 말을 그대로 적어서 보여주면 글쓰기를 쉽게 생각할 수 있습니다. 박문희 선생님은 유아교육 현장에서 오랫동안 '마주이야기' 교육을 실천하며 '들어주기'의 중요성을 강조하였습니다. 교사가 아이들의 말을 들어주려고 애쓸수록 당연히 아이들은 더 많이 말하게 됩니다. 아이들의 살아있는 말을 그대로 공책, 칠판, 교실 게시판에 적어두면 아이들이 관심을 갖게 되고, 특히 그 말을 한 아이는 말과 글이 연결되는 경험을 자연스럽게 하게 됩니다. 이때 '살아있는 말'이란 표현은 아이의 말을 조금도 각색하지 않고 토씨 하나까지 그대로 옮겨 적어야 함을 뜻합니다.

말을 자연스럽게 글로 옮기는 과정

말을 제법 유창하게 하는데 말한 대로 적는 것이 어려운 아이들이 있습니다. 뭔가 쓰긴 쓰는데 '말이 안 되게' 비문을 써놓는 경우가 많습니다. 예를 들어 임자말과 풀이말이 어색하게 이어졌거나 완성되지 않은 문장을 많이 씁니다. 이럴 때는 소리 내어 말하면서 쓰는 연습을 많이 하는 것이 좋습니다. 쓰기 활동을 꼭 조용한 분위기에서 해야 할 필요는 없습니다. 교사와 학생이 일대일로 수업하는 경우를 비롯해 다른 사람에게 방해가 되지 않는 환경이라면 얼마든지 소리 내어 말하며 쓸 수 있도록 해줍니다. 교사가 말하며 문장을 다듬는 과정을 직접 보여주는 것도 도움이 될 것입니다. 문장을 쓰고 나서 바로 소리 내어 읽어보면 아이들 스스로 어색한 부분을 발견하여 다시 쓰기도 합니다.

본격적인 글쓰기를 하는 과정

한두 문장을 힘들게 쓰던 과정을 지나서 짧은 분량이나마 '글'이라고 부를 만한 것을 쓰기 시작하면 글쓰기에 앞서 준비할 것도 많아집니다. 보통 글을 쓰기 전에 이야기를 나누며 쓸 거리를 떠올리고, 그것을 생각그물이나 간단한 개요로 나타낸 뒤에 본격적으로 글을 쓰도록 합니다. 주말 이야기를 쓸 때도 토요일과 일요일에 있었던 일을 말하고 나서, 그중에 글감을 고르고 그 일을 어떻게 쓸지 생각해본 뒤에 글쓰기를 시작하게 되지요. 글쓰기 준비 과정에서 교사의 안내가 필요합니다. 단서가 될 만한 적절한 질문을 던지거나 개요 잡기의 틀을 제시하여(뽐내기에 나온 것처럼) 도움을 줄 수 있습니다.

그런데 이런 준비 과정을 거쳐 막상 글을 쓰기 시작하면 조금 전에 이야기한 내용(또는 개요로 쓴 내용)과 다르게 엉뚱한 내용을 쓰는 경우가 종종 있습니다. 이럴 때는 생각그물이나 개요 등을 써놓고 넘어가지 말고 그것을 옆에 두고 보면서 글을 쓰도록 하고, 아이가 원래 쓰려고 했던 내용을 되새기는 질문을 해주어야 합니다. 그리고 MP3나 휴대폰을 이용해 아이들의 말을 녹음해도 좋습니다. 녹음한 것을 한두 문장씩 끊어서 들으며 적는 연습을 합니다. 그렇게 하면 관계없는 문장을 쓰는 것을 막을 수 있고, 말을 한 번 다듬어서 문장으로 나타내는 효과도 있습니다.

② 글감은 어떻게 정하면 좋을까?

생활글을 쓸 때 글감 정하기를 어려워하는 경우가 많습니다. 일깃감을 찾지 못하는 아이들은 항상 똑같은 내용의 일기만 씁니다. 여행이나 현장학습을 다녀온 경우, 학교와 가정에 행사가 있었던 특별한 경우를 제외하면 늘 반복되는 일상이라 딱히 글로 쓸 게 없다고 생각하는 것도 당연합니다. 특별한 일만 글로 쓰는 게 아님을, 일상생활의 모든 일이 글감이 될 수 있음을 인식하는 경험이 필요합니다. 별거 아닌 일이라고 생각했던 것도 글로 자세하게 풀어낼 수 있음을 알아야 하고, 그러려면 결국 다른 사람들이 쓴 글을 많이 읽어봐야 합니다.

아이들이 쓴 시를 모아놓은 시집을 자주 읽어보는 게 도움이 됩니다. 시는 운문의 형식을 띠고 있지만 낯설게 느끼지 않을 것입니다. 오히려 글자 수가 적다는 것 때문에 아이들이 부담 없이 읽을 수 있습니다. 시집의 차례(목차)를 보면 제목만으로도 글감을 추측하기 쉽고, 시집 한 권에서 아이들의 생활과 관련된 다양한 글감을 다루기 때문에 더욱 좋습니다. 또래 아이들이 쓴 시를 읽으며 재미있다고 웃기도 하고, 시를 쓴 사람에 대해 궁금해하기도 합니다. 학급 문집처럼 아이들이 쓴 글을 모아놓은 것을 읽을 수도 있습니다. 출판된 자료가 아니라도 좋습니다. 아이들은 자기가 아는 사람들이 쓴 글에 많은 관심을 보입니다. 교사가 쓴 글을 본보기로 제시하거나 선배들이 예전에 쓴 글을 보여주면 흥미를 갖고 읽게 됩니다. 그러려면 학생들이 쓴 글을 잘 보관해두는 게 필요합니다.

다른 사람들이 쓴 다양한 글들을 읽고 나면 아이들과 함께 이야기를 나눠보세요. 그 글에서 구체적으로 어떤 부분이 재미있는지, 왜 재미있다고 느꼈는지 이야기하며 자신의 경험과 연결해서 생각해보도록 하는 것입니다. 이런 것이 쌓이다 보면 글을 쓸 거리가 자연스럽게 생기게 됩니다. 말과 글이 하나이듯, 읽기와 쓰기도 연결되어 있습니다. 글을 읽으며 재미와 감동을 느껴야 나도 뭔가 쓰고 싶다는 생각을 하게 됩니다.

※ 읽어보면 좋은 책들

- 〈마주이야기, 아이는 들어주는 만큼 자란다〉 박문희 지음 / 보리
- 〈7인 7색 국어수업 이야기〉 전국초등국어교과모임 지음 / 에듀니티
- 〈새들은 시험 안 봐서 좋겠구나〉 한국글쓰기교육연구회 엮음 / 보리
- 〈이빨 뺀 날〉 〈비교는 싫어!〉 이영근 엮음 / 우리교육

  (이 외에도 아이들이 쓴 시나 글을 엮은 책이 많이 있습니다.)

마음대로
그려 보세요

 # 생활글

1장 일기

수민이 일기 (제목에 맞게 일기쓰기)	18
종호 일기 (느낌 생생하게 쓰기)	26
은수 일기 (경험이나 관찰한 일을 자세히 쓰기)	38
기동이 일기 (일이 일어난 순서대로 쓰기)	44
은솔이 일기 (따옴표를 넣어 생생하게 쓰기)	51

2장 생활글

우리는 친구	64
미안해	71
영훈이는 좋겠다	77
대청소 하는 날	83
엄마 몰래 먹은 라면	93
할아버지랑 나랑 똑같아요	103
배 타러 가자고요?	108
떡 박물관	115

수민이 일기

1월 1일 **일**요일 날씨: 눈

제목: 새해의 다짐

어제 밤늦게까지 텔레비전을 보다가 새해 첫날부터 늦잠을 잤다. 눈을 비비고 있는데 아빠가 놀렸다.

"잠꾸러기 공주님, 이제 일어나셨나? 우린 아차산에서 새해 해맞이하고 왔는데……."

나도 해 뜨는 것을 보며 소원을 빌려고 했는데 속상했다. 오늘부터는 반드시 일찍 자고 일찍 일어나야겠다.

"엄마, 내일 아침에는 일찍 깨워주세요. 꼭이요!"

선생님께 한마디 아이들이 일기를 처음 쓸 때는 하루에 있었던 일을 모두 쓰려고 합니다. 하루 동안 있었던 일 중 한 가지를 정해 제목을 붙이고 제목(글감)에 맞게 일기를 쓰도록 지도해주세요.

월   일   요일   확인

 수민이가 한 일과 생각이 알맞은 칸에 색칠하세요.

① 어젯밤 한 일	② 오늘 한 일	③ 수민이의 기분	④ 수민이의 다짐
TV를 보다가 늦게 잤다.	일찍 일어났다.	기분이 좋았다.	늦게 자고 늦게 일어나겠다.
TV를 보다가 일찍 잤다.	늦게 일어났다.	속이 상했다.	일찍 자고 일찍 일어나겠다.

 수민이의 새해 다짐은 무엇인지 써 보세요.

 수민이의 일기를 읽고 나라면 일기의 제목을 어떻게 붙일지 생각해서 써 보세요.

제목:

이야기 돋보기

월   일   요일   확인

 다음 글을 읽고 알맞은 답을 고르거나 쓰세요.

> 1월 1일 일요일 날씨: 눈
>
> 제목: 새해의 다짐
>
> 어제 밤늦게까지 텔레비전을 보다가 새해 첫 날부터 늦잠을 잤다. 눈을 비비고 있는데 아빠가 놀렸다.
>
> "잠꾸러기 공주님, 이제 일어나셨나? 우린 아차산에서 새해 해맞이하고 왔는데……."

1. 언제 쓴 일기인가요? (   )

  ① 섣달 그믐날   ② 새해 첫날   ③ 추석   ④ 단오

2. 일기 제목은 무엇인가요? [   ]

3. 수민이는 왜 늦잠을 잤나요? (   )

  ① 숙제를 하다가 늦게 자서   ② 동생과 놀다가 늦게 자서
  ③ 눈이 와서 컴컴해서   ④ 텔레비전을 보다가 늦게 자서

4. 수민이가 늦게 일어나자 아빠는 어떻게 했나요? (   )

  ① 새해 해맞이를 가자고 했다.
  ② 잠꾸러기라고 놀렸다.
  ③ 늦잠 잤다고 야단을 쳤다.
  ④ 아침밥을 먹으라고 했다.

월   일   요일   확인

이야기 돋보기

 다음 글을 읽고 알맞은 답을 고르거나 쓰세요.

나도 해 뜨는 것을 보며 소원을 빌려고 했는데 속상했다. 오늘부터는 일찍 자고 일찍 일어나야겠다.
"엄마, 내일 아침에는 일찍 깨워주세요. 꼭이요!"

1. 수민이는 왜 속상했나요? (,   )

   ① 일찍 일어나려고 했는데 늦잠을 자서
   ② 엄마가 텔레비전을 못 보게 해서
   ③ 새해 해맞이를 못 해서
   ④ 잠을 많이 자고 싶어서

2. 수민이는 일찍 일어나 무엇을 하려고 했나요? (   )

   ① 자전거 타기   ② 등산하기
   ③ 해맞이하며 소원 빌기   ④ 운동하기

3. 수민이는 어떤 다짐을 하였나요? (   )

   ① 숙제를 미리미리 해야겠다.
   ② 동생과 사이좋게 지내야겠다.
   ③ 일찍 자고 일찍 일어나야겠다.
   ④ 아빠에게 놀림을 받지 않아야겠다.

4. 일기의 제목인 '새해의 다짐'은 무엇을 말하는 것일까요?

낱말 창고

월   일   요일   [확인]

 시간을 나타내는 말을 배워 봅시다.

어제 늦게 잤기 때문이다.
오늘부터 일찍 자야겠다.
내일 아침에는 일찍 깨워주세요.

어제 → 오늘의 바로 전날
오늘 → 지금 시간이 흐르고 있는 이날
       어제와 내일의 사이에 해당하는 날
내일 → 오늘의 바로 다음날

어제	오늘	내일
5월 4일	5월 5일	5월 6일
금요일	토요일	일요일

밤 12시   밤 12시   밤 12시   밤 12시

 때를 나타내는 말을 생각하며 빈칸에 알맞은 답을 써 보세요.

(   )는 하루 종일 비가 왔습니다.
(   )은 해가 나서 날씨가 맑습니다.
(   )은 점차 바람이 불고 흐리겠습니다.

월   일   요일   확인

 'ㅐ와 ㅔ'를 구분하여 빈칸에 위의 단어를 따라 써 보세요.

새해	어제	늦게	하겠다.
해맞이	내일	아침에	깨워

 글마중을 다시 읽고 빈칸에 'ㅐ와 ㅔ'를 구분하여 알맞은 답을 써 보세요.

어[ ] 밤늦게까지 텔레비전을 보다가 [ ][ ] 첫날부터 늦잠을 잤다. 눈을 비비고 있는데 아빠가 놀렸다.

"잠꾸러기 공주님 이[ ] 일어나셨나? 우린 아차산에서 새해 [ ]맞이하고 왔는데……."

오늘부터는 반드시 일찍 자고 일찍 일어나야[ ]다.

"엄마, [ ]일 아침에는 일찍 [ ]워 주세요. 꼭이요!"

 뽐내기

월   일   요일 확인

 하루에 있었던 일 중 한 가지를 골라 일기제목을 씁니다.

아침	늦게 일어나서 지각을 했다.
점심	점심시간에 친구랑 축구를 했다.
저녁	저녁밥으로 돼지갈비를 먹었다.
밤	아빠랑 팔씨름을 했다.

⇒ 제목 : 팔씨름

 어제 어떤 일이 있었는지 써 보세요. 그 일 중 한 가지만 골라 일기제목을 지어 보세요.

아침	
점심	
저녁	
밤	

⇒ 제목 :

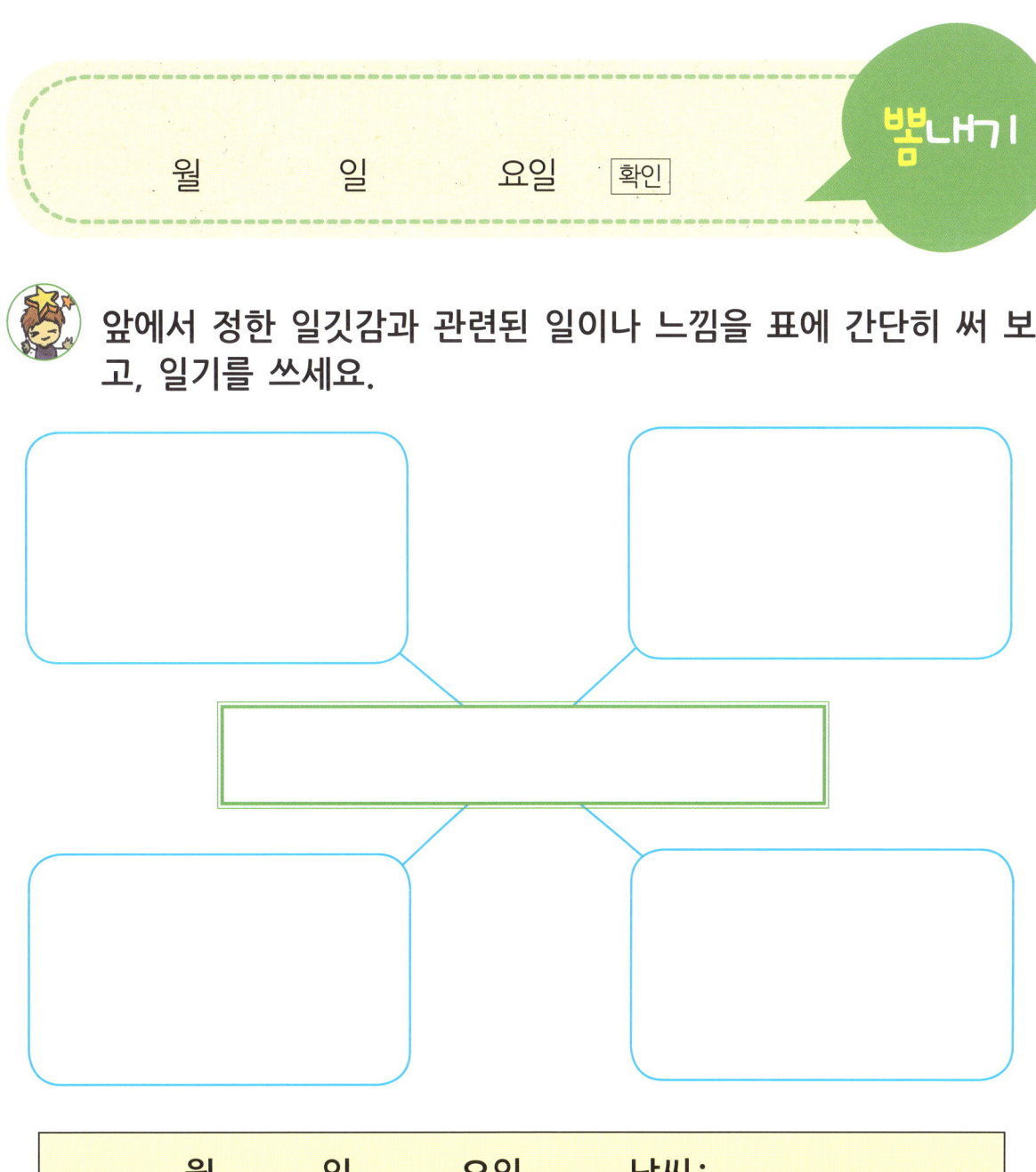

종호 일기

9월 30일 금요일 날씨: 맑음

제목: 묵찌빠

아빠와 '묵찌빠' 놀이를 했다. 가위바위보를 했는데 내가 져서 아빠가 먼저 공격을 했다. '바위'를 내고 기다리는데 가슴이 콩닥콩닥 뛰었다. 아빠가 갑자기 "빠!" 하고 큰 소리로 외치는 바람에 너무 깜짝 놀랐다. 하마터면 아빠를 따라 손을 바꿔서 질 뻔했다. 결국 내가 첫판에서 이겼다. 너무 재밌어서 자꾸만 하고 싶다.

선생님께 한마디 아이들은 일기 끝에 '참 재미있었다.'라고만 쓰는 경우가 많습니다. 다양하고 생생한 어휘로 느낌을 표현할 수 있도록 지도해 주세요.

월   일   요일   확인

 '감자에 싹이 나서' 노래를 부르면서 '묵찌빠' 놀이를 해 보세요.

둘이 마주 앉아 두 손을 내밉니다. 노래에 맞추어 그림처럼 묵찌빠를 순서대로 냅니다. 가위바위보를 한 후 묵찌빠 놀이를 해 보세요.

감자에	✊
싹이 나서	☝
잎이 나서	✋
묵	✊
찌	☝
빠	✋

월   일   요일   확인

 종호와 아빠는 어떤 생각을 했을까요? 잘 읽고 누구의 생각일지 연결해 보세요.

 여러분도 묵찌빠 놀이를 해 보니 어떤 마음이 들었는지 표정을 그리고 생각을 써 보세요.

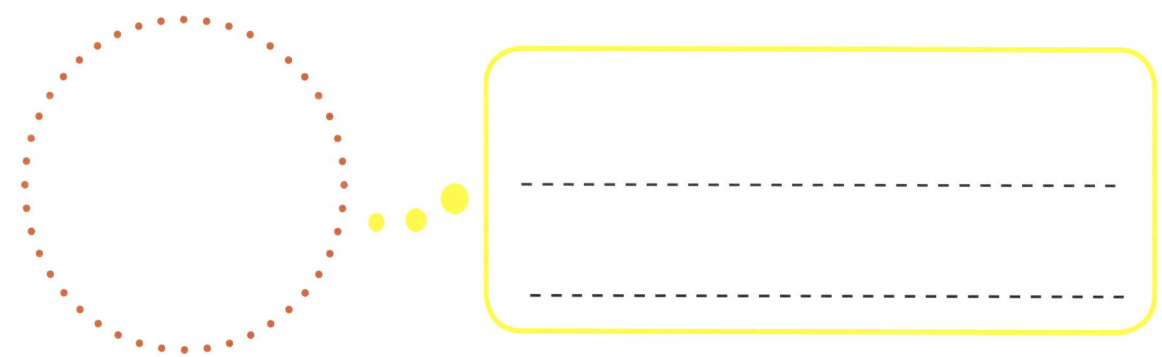

월   일   요일   확인

 다음 글을 읽고 알맞은 답을 고르거나 쓰세요.

9월 30일 금요일 날씨: 맑음

제목: 묵찌빠

아빠와 '묵찌빠' 놀이를 했다. 가위바위보를 했는데 내가 져서 아빠가 먼저 공격을 했다. 바위를 내고 기다리는데 가슴이 콩닥콩닥 뛰었다.

1. 누구와 무슨 놀이를 했나요? ( )

　① 친구들이랑 얼음땡 놀이를 했다.
　② 아빠와 묵찌빠 놀이를 했다.
　③ 형이랑 딱지치기를 했다.
　④ 엄마와 가위바위보 놀이를 했다.

2. 공격을 정하기 위해 무엇을 먼저 했나요? ( )

　① 달리기 경주　　② 가위바위보
　③ 노래 부르기　　④ 씨름

3. 왜 아빠가 먼저 공격을 했나요? ( )

　① 나이가 많아서　　② 내가 가위바위보에 져서
　③ 아빠가 하고 싶어서　　④ 묵찌빠 놀이를 잘 알아서

4. 아빠 공격을 기다릴 때 내 마음은 어땠나요?

이야기 돋보기

월   일   요일   [확인]

 다음 글을 읽고 알맞은 답을 고르거나 쓰세요.

> 아빠가 갑자기 "빠!"하고 큰 소리로 외치는 바람에 너무 깜짝 놀랐다. 하마터면 아빠를 따라 손을 바꿔서 질 뻔했다. 결국 내가 첫판에서 이겼다. 너무 재밌어서 자꾸만 하고 싶다.

1. 아빠는 묵찌빠를 할 때 어떻게 했나요? ·········· (   )

   ① 작은 소리로 '묵'을 냈다.   ② 큰 소리로 '찌'를 냈다.
   ③ 큰 소리로 '빠'를 냈다.   ④ 한눈팔 때 바꿨다.

2. 종호는 왜 깜짝 놀랐나요? ················· (   )

   ① 너무 떨려서   ② 아빠가 큰 소리로 외쳐서
   ③ 가슴이 콩닥콩닥 뛰어서   ④ 아빠가 가위바위보를 이겨서

3. 어떻게 하면 묵찌빠에서 지나요? ·············· (   )

   ① 공격한 사람을 따라 손을 바꾸면 진다.
   ② 공격한 사람에게 가위바위보를 지면 묵찌빠도 진다.
   ③ 손을 잡히면 진다.   ④ 깜짝 놀라는 사람이 진다.

4. 종호는 묵찌빠를 하면서 어떤 마음이 들었나요?

   ┌─────────────────────────────┐
   │   │
   └─────────────────────────────┘

월   일   요일   확인

낱말 창고

 느낌을 표현하는 낱말을 배워 봅시다. <보기>에서 골라 문장을 완성하세요.

1. 영화가 재미있었는데 빨리 끝나서 _____
2. 친구가 장난감 선물 받은 걸 보니 너무 _____
3. 강아지가 다쳐서 _____
4. 엄마가 칭찬을 해 주셔서 _____
5. 달팽이가 알을 낳는 것을 보니 _____
6. 아빠랑 등산을 갔는데 너무 재밌어서 _____
7. 엄마가 맛있는 부침개를 해 주셔서 _____
8. 동생이 내 장난감을 부숴서 _____

<보기>

아쉬웠다.   또 가고 싶다.   가슴이 설렌다.   흥미로웠다.
마음이 아팠다.   샘이 났다.   속상했다.   자랑스러웠다.
신기했다.   부러웠다.   피곤했다.   신이 났다.

월   일   요일   확인

 다음 일기글을 읽고 내용에 맞게 느낌을 써 보세요.

주말에 아빠랑 엄마랑 양평으로 캠핑을 갔다. 삼겹살도 구워 먹고 텐트에서 잠도 잤다.	친구가 내 필통을 떨어뜨려 망가뜨렸다. 그래 놓고 미안하다는 말도 안했다.
비가 온다고 엄마가 김치부침개를 해 주셨다. 김치와 오징어가 아삭하고 쫄깃쫄깃 했다.	어제 집 앞에서 길 잃은 강아지를 봤다. 쓰다듬어주었더니 자꾸 나를 따라왔다.

월   일   요일   확인

 친구나 가족과 놀이를 한 후에 일기를 적어 봅시다. 느낌을 생생하게 살려 써 보세요.

년   월   일   요일   날씨:
제목:

우리말 약속

월   일   요일   [확인]

 임자말을 돕는 토씨 '이', '가', '은', '는'을 골라 써 보세요.

호두파이(가) 고소하다.

꽃(이) 피었다.

비행기(는) 빠르다.

밤(은) 어둡다.

임자말을 돕는 토씨에는 '이', '가', '은', '는'이 있습니다.

	강아지 ☐ 따라옵니다.
	온 가족 ☐ 모여 식사합니다.
	아파트 ☐ 기와집보다 높습니다.
	아줌마 ☐ 씨를 뿌립니다.
	아빠와 나 ☐ 세차를 했습니다.

월   일   요일 확인

 부림말을 돕는 토씨 '을'과 '를'을 골라 써 보세요.

부림말을 돕는 토씨에는 '을'과 '를'이 있습니다.

	기찬이는 늦잠 ⬜ 잤습니다.
	스스로 실내화 ⬜ 빨아 보세요.
	눈사람 ⬜ 멋있게 만들었어요.
	매미 ⬜ 잡으러 돌아 다녔어요.
	스케이트장에서 스케이트 ⬜ 탔어요.
	이불 ⬜ 덮고 텔레비전 ⬜ 봐요.

우리말 약속

월   일   요일   [확인]

 문장에 알맞은 토씨를 <보기>에서 골라 써 보세요.

	아빠 ☐ 신문 ☐ 봅니다.
	지수 ☐ 머리 ☐ 빗는다.
	꿀벌들 ☐ 춤 ☐ 춥니다.
	민식이 ☐ 자전거 ☐ 탑니다.
	철수 ☐ 양치질 ☐ 합니다.
	아이들 ☐ 축구 ☐ 했다.
	철수 ☐ 민수보다 씨름 ☐ 잘 합니다.
	사자 ☐ 잠 ☐ 잡니다.

<보기>   이   가   은   는   을   를

월   일   요일   확인

우리말 약속

 문장에 알맞은 토씨를 골라 ○ 하세요.

1. 길동이(이 / 가) 밥(을 / 를) 잘 안 먹어요.

2. 우리 강아지(은 / 는) 과일(을 / 를) 좋아한다.

3. 동생(이 / 가) 장난감(을 / 를) 사달라고 졸랐다.

4. 나(은 / 는) 커서 소방관(이 / 가) 될 거예요.

5. 내(이 / 가) 좋아하는 그림(을 / 를) 그렸다.

6. 도형이(이 / 가) 칭찬(을 / 를) 받았어요.

7. 고양이(이 / 가) 내 손(을 / 를) 할퀴었다.

8. 가방(이 / 가) 찢어져서 동생(이 / 가) 울었다.

9. 식탁(을 / 를) 깨끗이 닦아라.

10. 엄마(이 / 가) 용돈(을 / 를) 더 주었다.

은수 일기

1월 19일 수요일 날씨: 춥고 흐린 날

제목: 깡패 타조 '깡타'

날씨가 추웠지만 엄마, 아빠와 함께 남이섬에 갔다. 거기서 목이 길고 눈이 부리부리한 타조를 봤다. 아저씨가 깡패 타조라서 '깡타'라는 이름을 붙였다고 했다. 어쩐지 무서워 보였다. 그 때 한 아이가 호떡을 먹고 있는데 갑자기 깡타가 달려들어 뺏어 먹었다. 그 애는 깜짝 놀라 엉엉 울었다. 나도 호떡을 뺏길까 봐 얼른 숨겼다. 왜 깡패 타조인지 알 것 같았다.

선생님께 한마디 경험하거나 관찰한 것을 자세히 묘사해 쓸 수 있도록 해 주세요

월 일 요일 확인

신나는 글읽기

일기를 보고 '깡타'에 대해 알게 된 것을 빈칸에 써 보세요.

사는 곳

이름

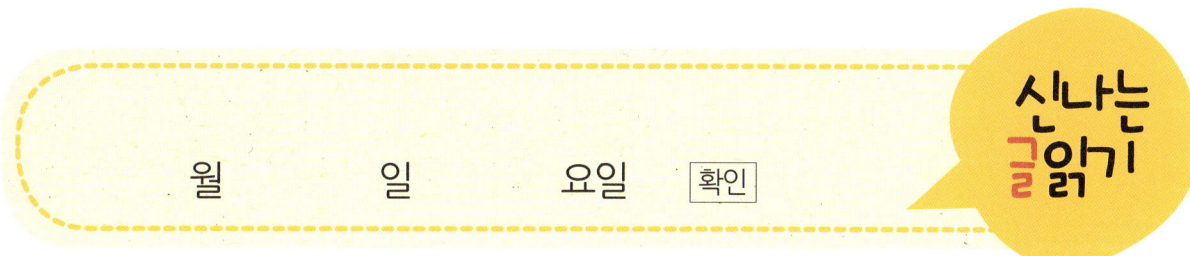

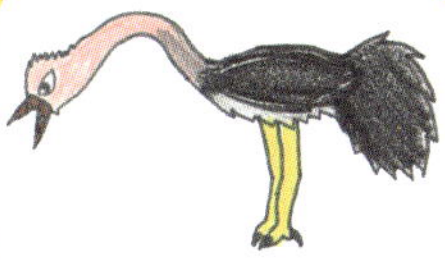

생김새

성격

이야기 돋보기

월   일   요일   [확인]

 다음 글을 읽고 알맞은 답을 고르거나 쓰세요.

1월 19일 수요일 날씨 : 춥고 흐린 날
제목 : 깡패 타조 '깡타'

날씨가 추웠지만 엄마, 아빠와 함께 남이섬에 갔다. 거기서 목이 길고 눈이 부리부리한 타조를 봤다. 아저씨가 깡패 타조라서 '깡타'라는 이름을 붙였다고 했다. 어쩐지 무서워 보였다.

1. 남이섬에 간 날은 날씨가 어땠나요? ……………… (   )
   ① 따뜻하고 맑은 날씨   ② 춥고 흐린 날씨
   ③ 춥고 맑은 날씨   ④ 후텁지근한 날씨

2. 이 일기의 글감은 무엇인가요? [   ]

3. 은수는 남이섬에서 무엇을 보았나요? ……………… (   )
   ① 목이 짧은 타조   ② 목이 길고 눈이 작은 타조
   ③ 예쁜 타조   ④ 목이 길고 눈이 부리부리한 타조

4. 타조에게 왜 '깡타'라는 이름을 붙였나요? ……………… (   )
   ① 깡패같이 굴어서   ② 깡충깡충 뛰어서
   ③ 깡통을 좋아해서   ④ 깡마른 모습이어서

월   일   요일 확인

이야기 돋보기

 다음 글을 읽고 알맞은 답을 고르거나 쓰세요.

그 때 한 아이가 호떡을 먹고 있는데 갑자기 깡타가 뺏어 먹었다. 그 애는 깜짝 놀라서 엉엉 울었다. 나도 호떡을 뺏길까 봐 얼른 숨겼다. 왜 깡패 타조인지 알 것 같았다.

1. 남이섬에서 어떤 일이 있었나요? ·········· (   )

   ① 깡타가 어떤 아이를 물었다.
   ② 깡타가 어떤 아이의 호떡을 뺏어 먹었다.
   ③ 어떤 아이가 호빵을 혼자서 먹었다.
   ④ 은수가 깡타에게 호떡을 나눠주었다.

2. 아이는 왜 울었나요? ·········· (   )

   ① 엄마, 아빠를 잃어버려서   ② 호떡이 땅에 떨어져서
   ③ 깡타가 호떡을 빼앗아서   ④ 눈이 아파서

3. 은수는 왜 호떡을 숨겼을까요?

   ┌─────────────────────────┐
   │   │
   └─────────────────────────┘

4. 일기의 내용과 <u>다른</u> 것은 무엇인가요? ·········· (   )

   ① 어떤 아이가 호떡을 먹고 있었다.
   ② 깡타가 달려들어서 아이가 먹던 호떡을 빼앗았다.
   ③ 호떡을 뺏긴 아이는 울었다.
   ④ 은수는 깡타에게 호떡을 주었다.

낱말 창고

월   일   요일 [확인]

 흉내 내는 말의 쓰임이 어색한 문장입니다. <보기>에서 알맞은 말을 찾아 고쳐 보세요.

아이가 <u>하하하</u> 울었다. → 아이가 엉엉 울었다.

열매가 <u>팔랑팔랑</u> 열렸다.
→ 열매가 □ 열렸다.

김이 <u>꿈틀꿈틀</u> 났다.
→ 김이 □ 났다.

아기가 <u>팔딱팔딱</u> 잠들었다.
→ 아기가 □ 잠들었다.

흰머리가 <u>파릇파릇</u> 보인다.
→ 흰머리가 □ 보인다.

<보기> 희끗희끗 모락모락 새근새근 주렁주렁 토실토실

월   일   요일 확인

 관찰하고 싶은 것을 하나 골라 특징을 간단히 써 보세요.

생김새		
	관찰대상	
재미있는 점		이상한 점

 위에 쓴 특징을 자세하게 글로 써 보세요.

제목 :

기동이 일기

4월 25일 금요일 날씨: 구름 많은 날

제목: 석고 붕대를 하다.

쉬는 시간에 현수와 놀았다. 현수를 놀리고 도망가다가 다른 친구와 부딪혀 계단에서 넘어졌다. 참을 수 없을 만큼 많이 아팠다.

병원에 갔더니 다리에 금이 갔다고 석고 붕대를 해주었다. 엄마는 몹시 속상해하시며 다음부터는 조심하라고 말씀하셨다. 앞으로는 계단에서 뛰지 않겠다고 엄마와 약속했다.

경험한 일을 쓸 때 일이 일어난 순서대로 차근차근 쓸 수 있도록 해 주세요.

월   일   요일   확인

 글마중을 읽고 일의 원인과 결과를 자연스럽게 연결해 보세요.

현수를 놀리고 도망가다가	•	•	다리를 다쳤다.
계단에서 넘어져서	•	•	앞으로는 계단에서 뛰지 않기로 약속했다.
병원에 갔더니	•	•	석고붕대를 감아주었다.
엄마가 속상해 하셔서	•	•	다른 친구와 부딪쳤다.

 기동이처럼 학교에서 장난치거나 조심하지 않아서 다친 적이 있나요? 내가 학교에서 겪었던 일을 이야기해 보세요.

```
------------------------------------------------------------
------------------------------------------------------------
------------------------------------------------------------
------------------------------------------------------------
```

선생님께 한마디 아이들이 한 이야기를 선생님께서 사건의 순서대로 적어 주세요.

월   일   요일   확인

 다음 글을 읽고 알맞은 답을 고르거나 쓰세요.

4월 25일 금요일 날씨 : 구름 많은 날
제목 : 석고 붕대를 하다.
쉬는 시간에 현수와 놀았다. 현수를 놀리고 도망가다가 다른 친구와 부딪혀 계단에서 넘어졌다. 참을 수 없을 만큼 많이 아팠다.

1. 기동이는 언제, 누구와 놀았나요?

   [   ]에 [   ]와 놀았습니다.

2. 기동이에게 일어난 일의 순서에 맞게 번호를 쓰세요.

	계단에서 넘어졌다.	
	현수를 놀리고 도망갔다.	
	현수와 놀았다.	
	다리를 다쳤다.	
	다른 친구와 부딪혔다.	

월   일   요일   확인

이야기 돋보기

 다음 글을 읽고 알맞은 답을 고르거나 쓰세요.

　병원에 갔더니 다리에 금이 갔다고 석고 붕대를 해주었다. 엄마는 몹시 속상해하시며 다음부터는 조심하라고 말씀하셨다. 앞으로는 계단에서 뛰지 않겠다고 엄마와 약속했다.

1. 병원에서 기동이를 어떻게 치료했나요? (　　)
   ① 소독약과 연고를 발라주었다.
   ② 주사를 놓아주었다.
   ③ 석고 붕대를 감아주었다.
   ④ 입원해서 누워있도록 하였다.

2. 엄마는 다친 기동이에게 뭐라고 말씀하셨나요?

   " 　　　　　　　　　　　　　　　　　　　　　　 "

3. 기동이의 엄마는 어떤 마음이었을까요? (　　)
   ① 기동이의 장난에 몹시 화가 났다.
   ② 기동이가 다쳐서 많이 속상했다.
   ③ 평소 자주 있는 일이라서 별로 관심이 없었다.
   ④ 기동이가 다쳐봐야 정신을 차린다고 생각했다.

4. 기동이가 집에 와서 엄마와 한 약속은 무엇인가요?

월   일   요일   확인

'다치다' 와 '닫히다'의 뜻을 알아봅시다.

다치다 → 몸에 상처를 입다.
닫히다 → 문, 뚜껑, 서랍 등이 막히다.

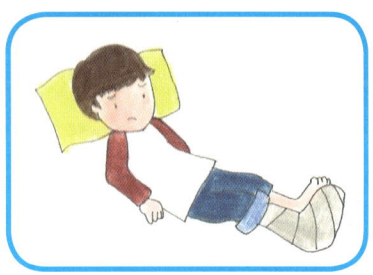
다리를 **다쳤어요.**

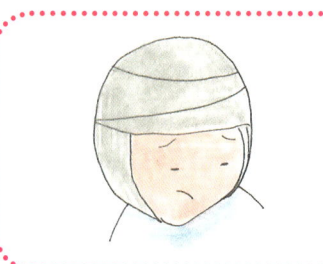
머리를 **다쳤습니다.**

바람이 불어 창문이 **닫혔다.**

지하철 문이 **닫힐 때** 타지 마세요.

 다음을 읽고 어울리는 말을 고르세요.

1. 나는 어제 손가락을 (다쳤습니다. / 닫혔습니다.)
2. 바람이 불어 교실 문이 (다쳤다. / 닫혔다.)
3. 너무 늦으면 가게 문이 (다칩니다. / 닫힙니다.)
4. 길을 함부로 건너면 (다치겠지? / 닫히겠지?)
5. 엘리베이터가 (다치기 / 닫히기) 전에 빨리 타자.

월   일   요일   확인

 아래 현수의 일기를 읽고, 현수의 마음으로 기동이에게 편지를 써 보세요.

오늘 쉬는 시간에 기동이와 함께 장난치다가 기동이가 다쳤다. 어떤 아이와 부딪혀서 계단에서 넘어졌는데 다리에 금이 갔다고 한다. 기동이가 아파하는 모습을 보니 내 가슴이 콩닥거렸다. 나 때문에 기동이가 다친 것 같아서 미안한 마음이 들었다.

기동이가 학교에 오면 내가 기동이의 다리가 되어주어야겠다.

기동이에게

월   일   너의 친구 현수가

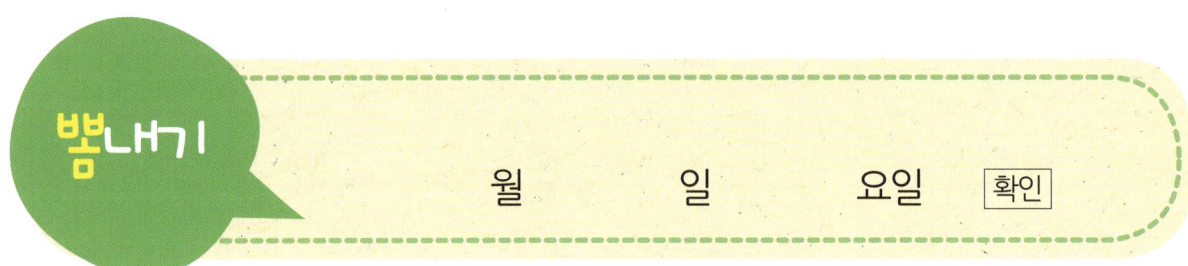

월   일   요일   확인

 하루 동안 일어난 일 중에서 가장 재미있던 일을 글감으로 정하고 경험한 일을 순서대로 써 보세요.

글감 ⇒

1	
2	
3	
4	

 위에 정리해 놓은 것을 일기로 써 보세요.

월   일   요일   날씨:
제목 :

은솔이 일기

10월 21일 수요일 날씨: 쨍쨍 맑은 날

제목: 엄마 생일

오늘은 엄마 생일이다. 며칠 전부터 무엇을 살까 고민하다가 머리핀을 사기로 결정하였다. 학교를 마치자마자 선물 가게로 향했다. 저녁 식사 때 우리 가족은 식탁에 모여 앉았다. 엄마는 내 선물을 보고 환하게 웃었다.

"은솔아, 머리핀이 정말 예쁘구나. 엄마 마음에 쏙 드는 걸. 우리 딸, 고마워."

엄마가 좋아하시니 내 마음도 뿌듯했다.

선생님께 한마디 따옴표를 넣어 표현하면 실제 한 말을 생생하게 나타낼 수 있습니다. 따옴표를 넣어 일기 쓰는 방법을 가르쳐 주세요.

월   일   요일   확인

 은솔이와 엄마의 대화 내용입니다. 선생님과 역할을 나누어 실감나게 읽어 보세요.

은솔: 엄마, 생일 축하해요!
엄마: 은솔아, 고맙다.
은솔: 여기 엄마 선물을 준비했어요.
엄마: 은솔이가 용돈을 아껴서 선물까지 준비했구나.
은솔: 엄마, 어서 풀어 봐요.
엄마: 와, 엄마한테 꼭 필요했던 머리핀이네. 너무 예쁘다. 우리 은솔이가 골랐어?
은솔: 네, 제가 직접 골랐어요. 맘에 드세요?
엄마: 은솔아, 머리핀이 너무 예쁘구나. 엄마 마음에 쏙 드는 걸. 우리 딸, 정말 고마워.
은솔: 엄마가 세상에 있어줘서 정말 고마워요.
엄마: 엄마도 우리 은솔이가 엄마 딸이어서 고마워.

 위 대화 중 마음에 드는 말을 하나 골라 따옴표를 넣어 써 보세요.

월   일   요일   확인

이야기 돋보기

 다음 글을 읽고 알맞은 답을 고르거나 쓰세요.

오늘은 엄마 생일이다. 며칠 전부터 무엇을 살까 고민하다가 머리핀을 사기로 결정하였다. 학교를 마치자마자 선물 가게로 향했다.

1. 오늘은 무슨 날인가요?

2. 은솔이는 학교를 마치고 무엇을 하였나요? ……… (   )
   ① 엄마에게 드릴 선물을 만들었다.
   ② 친구의 생일 잔치에 갔다.
   ③ 엄마 생일 선물을 사기 위해 선물 가게에 갔다.
   ④ 동생의 머리띠를 샀다.

3. 은솔이는 엄마의 생일 선물로 무엇을 사기로 정했나요?

4. 엄마 선물을 사면서 은솔이의 마음은 어땠을까요? (   )
   ① 엄마가 기뻐할 것을 생각하니 마음이 설렜을 것이다.
   ② 용돈을 쓰게 되어 아깝다는 생각을 했을 것이다.
   ③ 귀찮아서 아무거나 빨리 사고 싶었을 것이다.
   ④ 무엇을 사야 할지 몰라서 답답했을 것이다.

이야기 돋보기

월   일   요일 [확인]

 다음 글을 읽고 알맞은 답을 고르거나 쓰세요.

저녁 식사 때 우리 가족은 식탁에 모여 앉았다. 엄마는 내 선물을 보고 환하게 웃었다.
"은솔아, 머리핀이 정말 예쁘구나. 엄마 마음에 쏙 드는 걸. 우리 딸, 고마워."
엄마가 좋아하시니 내 마음도 뿌듯했다.

1. 엄마의 생일 축하 잔치는 언제 했나요?

   [   ]

2. 은솔이 엄마가 선물을 받고 한 일을 모두 고르세요. (,   )
   ① 선물을 열어보지 않고 음식을 먼저 먹었다.
   ② 은솔이에게 환하게 웃어주셨다.
   ③ 마음에 쏙 든다며 고맙다고 했다.
   ④ 다른 선물은 없냐고 물어보았다.

3. 은솔이는 어떤 마음이었나요? (   )
   ① 엄마가 기뻐해서 심통이 났다.
   ② 엄마가 기뻐해서 뿌듯했다.
   ③ 아빠에게 서운했다.
   ④ 엄마에게 미안했다.

월   일   요일 [확인]

 그림과 어울리는 느낌을 나타내는 말을 골라 ○ 하세요. 그리고 나라면 이 상황에서 어떤 말을 할지 따옴표 안에 써 보세요.

〈예시〉	숙제를 잘 했다고 칭찬을 받아서 (**뿌듯하다.** / 허전하다.) " 선생님한테 칭찬 받아서 기뻐. "
	친구가 나에게 뚱뚱하다고 놀려서 (속상하다. / 기분이 좋다.) " _____ "
	내일 현장학습을 갈 생각을 하니 가슴이 (설렌다. / 외롭다.) " _____ "
	갑자기 개구리가 튀어 나오는 바람에 (깜짝 놀랐다. / 부담스러웠다.) " _____ "
	산책을 나와 신선한 공기를 마시니 (찝찝하다. / 상쾌하다.) " _____ "

월   일   요일   확인

 다음 글을 읽고 무슨 말을 했을지 생각해 따옴표 안에 써 보세요.

날씨가 너무 더워서 팥빙수를 해 먹었다. 입안에서 얼음이 아삭거리니 참 시원했다. 빙수를 먹으며 아빠가 말씀하셨다.
" _____ "

엄마를 돕다가 그만 접시를 떨어뜨려 깨뜨렸다.
" _____ "
덜렁거리는 나를 보고 엄마가 말씀하셨다.

동생이랑 자전거를 타다가 넘어졌다. 동생이 울면서 말했다.
" _____ "
나는 동생을 일으켜 주었다.

할머니 댁에 갔다. 오랜만에 만난 할머니는 나를 안아주며
" _____ "
라고 말씀하셨다.

월   일   요일   확인

 일기의 글감을 정하고 쓸 내용과 재미있었던 말을 써 보세요.
그리고 따옴표를 넣어 일기글을 쓰세요.

글감 ⇒

내용 ⇒
-
-
-

재미있었던 말 ⇒ " "

월   일   요일   날씨:
제목:

우리말 약속

월   일   요일   [확인]

 장소를 나타내는 토씨 '에'와 '에서'를 알맞게 골라 써 보세요.

통(에) 장난감을 담아요.   알(에서) 병아리가 나와요.

장소를 나타낼 때는 '~에'와 '~에서'를 씁니다.

	운동장 [ ] 공놀이를 했습니다.
	성묘하러 산 [ ] 갔습니다.
	장갑 속 [ ] 들어가도 되니?
	세면대 [ ] 손을 씻어라.
	병원 [ ] 치료를 받았습니다.
	다쳤으니 보건실 [ ] 가자.

선생님께 한마디 '에'는 공간적 위치를, '에서'는 행위가 이뤄지는 장소를 말할 때 씁니다.

월   일   요일   확인

우리말 약속

 문장에 알맞은 토씨를 골라 ○ 하세요.

1. 운동장(에 / 에서) 체육 수업 한대.

2. 우리 집(에 / 에서) 같이 놀래?

3. 돌 틈(에 / 에서) 민들레 싹(이 / 가) 나왔다.

4. 어항(에 / 에서) 돌(을 / 를) 깔아 주었다.

5. 종이(에 / 에서) 그림(을 / 를) 그리세요.

6. 공원(에 / 에서) 자전거(을 / 를) 탔다.

7. 학교(에 / 에서) 시험(을 / 를) 봤다.

8. 화장실(에 / 에서) 손(을 / 를) 씻고 오세요.

9. 동생(이 / 가) 유치원(에 / 에서) 생일잔치를 했다.

10. 식탁 위(의 / 에) 수저(을 / 를) 놓아라.

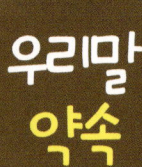

우리말 약속

월   일   요일   [확인]

 시간을 나타낼 때 쓰는 토씨 '에'를 알아보고, 빈칸에 알맞은 토씨를 써 보세요.

한밤중에 달이 떠 있다.

겨울에 연날리기 할 거야.

시간을 나타낼 때는 '~에'를 씁니다.

	1년 뒤 ▢ 졸업을 할 거예요.
	추석 ▢ 할머니 댁에 갔습니다.
	일요일 ▢ 실내화 ▢ 빨았어요.
	방과 후 ▢ 축구교실에 가야 해.
	더운 여름 ▢ 돌아다니면 힘들어요.
	삼일절 ▢ 태극기 ▢ 달자.

월   일   요일 확인

우리말 약속

 다음 문장에서 알맞은 토씨를 골라 ○ 하세요.

1. 아침(이 / 에) 일찍 깨워 주세요.

2. 어젯밤(의 / 에) 무서운 꿈(을 / 를) 꾸었다.

3. 점심(의 / 에) 친구(을 / 를) 만나기로 했다.

4. 11시(는 / 에) 너희 집(에 / 에서) 갈게.

5. 내년(의 / 에) 4학년(이 / 가) 된다.

6. 일요일(이 / 에) 교회(에 / 에서) 갔다.

7. 1교시(의 / 에) 체육(을 / 를) 했다.

8. 조금 전(의 / 에) 교실(에 / 에서) 넘어졌어요.

9. 30분 뒤(의 / 에) 밥(을 / 를) 먹을 거예요.

10. 봄(이 / 에) 피는 민들레(이 / 가) 참 예쁘다.

우리말 약속

월   일   요일   [확인]

 문장에 알맞은 토씨를 <보기>에서 골라 써 보세요.

	탁자 위 ☐ 사과 ☐ 있어요.
	강아지 ☐ 고기 ☐ 보고 달려와요.
	동생 ☐ 채소 ☐ 먹기 싫어해요.
	겨울 ☐ 부는 추운 바람 ☐ 싫어요.
	노래방 ☐ 노래 ☐ 불러요.
	수학시간 ☐ 문제 ☐ 풀었어요.
	의사선생님 ☐ 진찰 ☐ 했습니다.
	철수 ☐ 다리 ☐ 붕대를 감았습니다.

<보기>   이   가   을   를   에   에서

주말에 한 일을 써 보세요

우리는 친구 1

성준이를 소개합니다.

누리초등학교 안성준은 6학년 4반입니다.
성준이는 나보다 키가 작고 통통합니다.
눈이 안 좋아서 안경을 꼈습니다.
성준이는 레고를 좋아해서 맨날 레고 선물 받고 싶다는 얘기를 합니다.
성준이는 성격이 아주 좋습니다.

— 글쓴이 : 김수민

우리는 친구 2

수민이를 소개합니다.

수민이는 6학년 5반입니다.
축구를 잘하고, 야구는 전혀 못합니다.
채소를 싫어하는데 특히 토마토는 절대 안 먹습니다.
저한테 잔소리하는 게 특기죠.
게임을 좋아하고 '로스트사가★'를 잘합니다.
수민이는 제가 레고 사는 데 전혀 관심이 없습니다.

— 글쓴이 : 안성준

★ 로스트사가: 온라인 게임 이름

월   일   요일   확인

 아래와 같은 방법으로 글마중을 읽어 보세요.

① 친구를 소개하듯이 자연스럽게 읽어 보세요.
② 두 사람이 짝을 이루어 각자 '성준이를 소개합니다'와 '수민이를 소개합니다'를 읽어 보세요.

 다음 문장을 읽고 성준이 소개말은 ○ 하고, 수민이 소개말은 △ 하세요.

키가 작고 통통하다.	안경을 끼고 있다.	축구를 잘한다.
채소를 싫어한다.	레고를 좋아한다.	게임을 좋아한다.
6학년 5반이다.	성격이 아주 좋다.	6학년 4반이다.

월   일   요일 [확인]

 다음 글을 읽고 알맞은 답을 고르거나 쓰세요.

　누리초등학교 안성준은 6학년 4반입니다. 성준이는 나보다 키가 작고 통통합니다. 눈이 안 좋아서 안경을 꼈습니다. 성준이는 레고를 좋아해서 맨날 레고 선물 받고 싶다는 얘기를 합니다. 성준이는 성격이 아주 좋습니다.

― 글쓴이 : 김수민

1. 이 글은 누가 누구를 소개하는 글인가요?

　□□□□□이(가) □□□□□□을(를) 소개하는 글

2. 성준이에 대한 설명 중 <u>틀린</u> 것은 무엇인가요? ⋯⋯ (　　　)

　① 키가 크고 말랐다.
　② 안경을 끼고 있다.
　③ 레고 선물을 받고 싶어 한다.
　④ 초등학교 6학년이다.

3. 성준이가 좋아하는 것은 무엇인가요? □□□□

4. 수민이는 성준이의 성격을 어떻게 생각하나요? ⋯⋯ (　　　)

　① 눈이 안 좋다.　　　　② 성격이 안 좋다.
　③ 성격이 아주 좋다.　　④ 쉽게 화내는 성격이다.

이야기 돋보기

월   일   요일   확인

 다음 글을 읽고 알맞은 답을 고르거나 쓰세요.

> 수민이는 6학년 5반입니다. 축구를 잘하고, 야구는 전혀 못합니다. 채소를 싫어하는데 특히 토마토는 절대 안 먹습니다. 저한테 잔소리하는 게 특기죠. 게임을 좋아하고 '로스트사가'를 잘합니다. 수민이는 제가 레고 사는 데 전혀 관심이 없습니다.
>
> — 글쓴이: 안성준

1. 이 글은 누가 누구를 소개하는 글인가요?

   [　　　]이(가) [　　　]을(를) 소개하는 글

2. 이 글에 따르면 수민이가 잘하는 운동과 못 하는 운동은 무엇인가요?

   잘하는 운동: [　　　]   못 하는 운동: [　　　]

3. 이 글을 통해 수민이에 대해 알 수 있는 것을 두 가지 골라 보세요. (　 , 　)

   ① 채소를 좋아한다.
   ② 게임을 좋아한다.
   ③ 성준이에게 잔소리를 많이 한다.
   ④ 성준이가 레고 사는 것에 관심이 많다.

월   일   요일   확인

낱말 창고

 사람의 성격을 나타내는 말을 배워 봅시다. <보기>의 낱말 중 어울리는 것을 골라 문장의 빈칸에 쓰세요.

1. 민희는 [　　　　　]. 넘어져도 울지 않고 바로 일어난다.

2. 지수는 [　　　　　]. 친구들을 잘 챙겨준다.

3. 현수는 [　　　　　]. 매일 아침 일찍 일어나서 달리기를 한다.

4. 호영이는 [　　　　　]. 주사 맞는 것을 너무 무서워한다.

5. 지연이는 [　　　　　]. 궁금한 게 있으면 참지 못하고 바로 물어본다.

6. 주원이는 [　　　　　]. 잘못한 게 있어도 있는 그대로 솔직하게 말한다.

7. 연주는 [　　　　　]. 여러 사람들 앞에서 말하는 게 어렵다.

<보기>　장난꾸러기다　씩씩하다　다정하다　부지런하다
　　　　겁이 많다　호기심이 많다　정직하다　부끄러움이 많다

뽐내기

월   일   요일   [확인]

⭐ 내가 좋아하는 친구를 소개하는 글을 써 보세요.

이름	
생김새	
성격	
좋아하는 것	
잘하는 것	

제목:

미안해

여름아, 안녕!

나 호일이야.

너한테 '더운 여름'이라고 놀려서 미안해. 장난으로 한 말인데 네가 울어서 놀랐어. 장난으로 한 거라도 친구가 기분 나쁘면 그건 장난이 아니라고 선생님이 그러셨어.

나도 친구들이 '쿠킹호일'이라고 놀리면 기분 나쁘거든. 정말 미안해, 여름아!

이제 절대 안 놀릴게. 우리 친하게 지내자!

7월 25일 수요일
호일이가

신나는 글읽기

월   일   요일   [확인]

 아래와 같은 방법으로 글마중을 읽어 보세요.

① 친구에게 사과하듯 마음을 담아 읽어 보세요.
② 비슷한 경험이 있다면 그 일을 떠올리며 읽어 보세요.

 글마중의 편지글을 읽고 알맞은 내용끼리 연결하세요.

받는 사람	•	•	호일이
편지를 보내는 이유	•	•	여름이
앞으로 약속	•	•	더운 여름이라고 놀려서 미안해.
보내는 사람	•	•	이제 절대 안 놀릴게. 우리 친하게 지내자!

월   일   요일   확인

이야기 돋보기

 다음 글을 읽고 알맞은 답을 고르거나 쓰세요.

여름아, 안녕!

나 호일이야.

너한테 '더운 여름'이라고 놀려서 미안해. 장난으로 한 말인데 네가 울어서 놀랐어. 장난으로 한 거라도 친구가 기분 나쁘면 그건 장난이 아니라고 선생님이 그러셨어.

1. 윗글은 어떤 종류의 편지글인가요? ( )

   ① 생일 초대장   ② 사과 편지   ③ 감사 편지   ④ 축하 편지

2. 누가 누구에게 쓴 편지인가요?

   [   ] → [   ]

3. 다음 문장을 읽고 편지글의 내용과 맞는 것을 찾으세요. ( )

   ① 여름이가 호일이를 놀렸다.
   ② 호일이가 놀려서 여름이가 울었다.
   ③ 호일이는 여름이가 우는 게 당연하다고 생각했다.
   ④ 선생님이 장난으로 한 거면 괜찮다고 하셨다.

4. 여름이는 왜 울었을까요? ( )

   ① 호일이가 때려서   ② 호일이랑 놀다가 넘어져서
   ③ 선생님께 혼나서   ④ 호일이가 놀린 말에 기분이 나빠서

이야기 돋보기

월   일   요일 [확인]

 다음 글을 읽고 알맞은 답을 고르거나 쓰세요.

　나도 친구들이 '쿠킹호일'이라고 놀리면 기분 나쁘거든. 정말 미안해, 여름아! 이제 절대 안 놀릴게.
　우리 친하게 지내자!

7월 25일 수요일
호일이가

1. 친구들이 기분 나쁠 수 있는 행동이 <u>아닌</u> 것은? (　　　)
   ① 별명을 부르며 놀린다.
   ② 넘어졌을 때 일으켜준다.
   ③ 선생님께 잘못을 이른다.
   ④ 싫다고 하는데도 계속 장난을 친다.

2. 호일이가 여름이에게 미안한 마음을 표현한 말을 찾아 쓰세요.

   "　　　　　　　　　　　　　　　　　　　　　"

3. 호일이가 여름이에게 이제부터 어떻게 하겠다고 약속했나요?
   (　　　)
   ① 이제 안 놀릴게. 친하게 지내자.
   ② 놀려서 미안해. 너도 한번 놀려.
   ③ 이제 놀리지 않을게. 같이 놀지 말자.
   ④ 장난으로 받아주고 이해해 줘.

| 월 | 일 | 요일 | 확인 |

 그림과 어울리는 꾸밈말을 골라 ○ 하세요.

 더운 / 추운 겨울

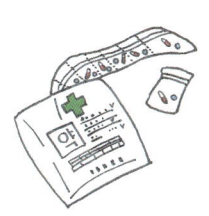 쓴 / 달콤한 약

 싱글벙글 / 주렁주렁 달린 사과

 활활 / 살살 타는 불

 꾸밈말을 넣어서 〈보기〉처럼 문장을 만들어 보세요.

| 〈예시〉 | 부드러운 | 부드러운 이불을 덮고 잤다. |

커다란	
사나운	
빨간	

뽐내기

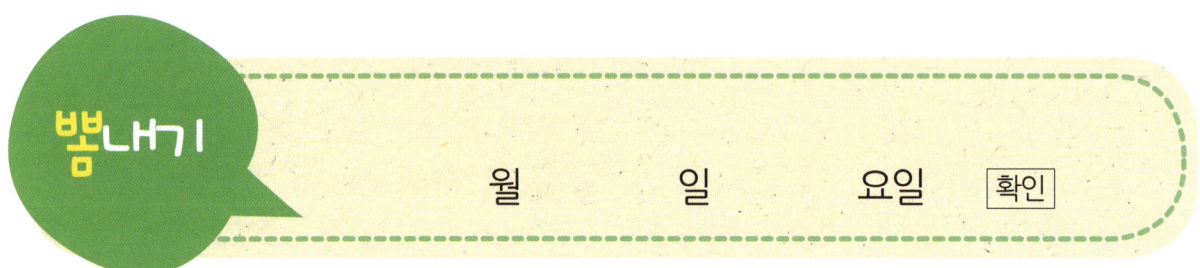

월 일 요일 확인

미안함을 표현하고 싶은 친구가 있나요? 미안한 마음이 잘 드러나는 편지를 써 보세요.

영훈이는 좋겠다

　월요일 5교시는 준우랑 영훈이가 같이 공부하는 시간입니다. 하지만 오늘 5교시는 준우 혼자입니다. 제주도로 여행 간 영훈이가 아직 돌아오지 않았기 때문입니다.
　준우는 공부하다 말고 계속 영훈이 얘기를 합니다.
　"영훈이는 지금 제주도에서 뭐 하고 있을까요?"
　"영훈이는 좋겠다. 공부도 안 하고……. 영훈이가 초콜릿 사왔으면 좋겠다."
　준우가 몇 글자 쓰다 말고 또 말을 꺼냅니다.
　"나도 비행기 타고 미국 고모네 갈 거예요. 미국 가면 초콜릿 사올게요."

신나는 글읽기

월   일   요일   [확인]

 아래와 같은 방법으로 글마중을 읽어 보세요.

① 소리 내어 정확하게 읽어 보세요.
② 말 한 사람의 기분을 생각하며 큰따옴표가 들어간 문장만 다시 읽어 보세요.

 다른 사람에 대한 부러운 마음을 표현하는 문장을 만들어서 한 사람씩 돌아가며 말해 보세요.

<예시>
- 영훈이는 좋겠다. 제주도에 놀러가서.
- 은지는 좋겠다. 예쁜 옷 선물 받아서.

[   ]는 좋겠다. + (부러운 이유)

월   일   요일   확인

 다음 글을 읽고 알맞은 답을 고르거나 쓰세요.

　월요일 5교시는 준우랑 영훈이가 같이 공부하는 시간입니다. 하지만 오늘 5교시는 준우 혼자입니다. 제주도로 여행 간 영훈이가 아직 돌아오지 않았기 때문입니다.

1. 이 글에 나온 수업 시간은 언제인가요?

   ☐ 요일   ☐ 교시

2. 오늘 이 수업 시간에 준우는 왜 혼자 공부하고 있나요? (　　)

   ① 영훈이가 아파서 학교에 오지 못했기 때문이다.
   ② 영훈이네 반 시간표가 달라졌기 때문이다.
   ③ 원래 준우 혼자 있는 시간이기 때문이다.
   ④ 영훈이가 여행을 갔기 때문이다.

3. 영훈이가 여행 간 장소는 어디인가요?　☐

4. 글의 내용과 <u>다른</u> 것은 무엇인가요? (　　)

   ① 월요일 5교시 수업시간이다.
   ② 준우는 다른 아이들이랑 같이 공부하고 있다.
   ③ 영훈이는 오늘 학교에 오지 않았다.
   ④ 영훈이는 지금 제주도에 있다.

이야기 돋보기

월   일   요일   확인

 다음 글을 읽고 알맞은 답을 고르거나 쓰세요.

> 준우는 공부하다 말고 계속 영훈이 얘기를 합니다.
> "영훈이는 지금 제주도에서 뭐 하고 있을까요?"
> "영훈이는 좋겠다. 공부도 안 하고……. 영훈이가 초콜릿 사왔으면 좋겠다."
> 준우가 몇 글자 쓰다 말고 또 말을 꺼냅니다.
> "나도 비행기 타고 미국 고모네 갈 거예요. 미국 가면 초콜릿 사올게요."

1. 준우는 영훈이가 무엇을 사오면 좋겠다고 했나요?

   ☐

2. 준우는 지금 영훈이를 생각하며 어떤 기분일까요? (   )

   ① 무섭다   ② 얄밉다   ③ 우습다   ④ 부럽다

3. 준우는 비행기를 타고 어디에 가고 싶어 하나요? (   )

   ① 미국 할머니네   ② 미국 고모네
   ③ 일본 삼촌네   ④ 중국 이모네

4. 다음 중 준우가 한 말이 <u>아닌</u> 것을 고르세요. ……… (   )

   ① "영훈이는 제주도에서 뭐 하고 있을까요?"
   ② "영훈이는 좋겠다."   ③ "초콜릿 얼마예요?"
   ④ "나도 비행기 타고 미국 고모네 갈 거예요."

월   일   요일   확인

 비행기와 관련된 낱말을 알아봅시다.

공항 → 비행기가 뜨고 내릴 수 있게 시설을 갖추어 놓은 곳
승객 → 비행기, 배 등에 타는 손님
승무원 → 비행기, 배, 기차 등에서 일하는 사람
기장 → 비행기를 조종하고 승무원을 이끄는 사람
이륙 → 비행기가 떠서 날아가는 것
착륙 → 비행기가 도착하여 땅으로 내려오는 것

 위에 나온 낱말을 다음 문장의 빈칸에 알맞게 써 보세요.

여름 방학 때 가족들이랑 일본 여행을 다녀왔다.

1. 비행기를 타기 위해 ☐☐☐ 으로 갔다.

2. 비행기가 출발할 시각이 되자 천천히 ☐☐☐ 했다.

3. 비행기를 운전하는 ☐☐☐ 이 안내 방송을 했다.

4. ☐☐☐ 이 와서 주스를 따라주었다.

5. 도착할 시각이 되자 바퀴를 내리고 ☐☐☐ 했다.

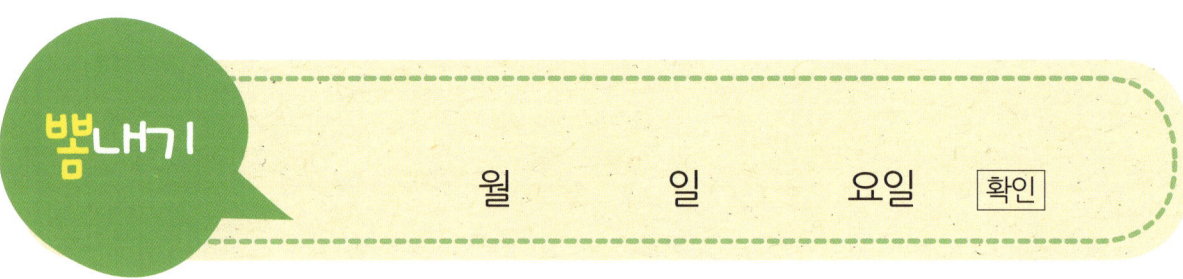

뽐내기

월   일   요일   [확인]

 글마중의 준우처럼 다른 사람이 부러웠던 경험이 있나요? 그 일을 떠올려서 글을 써 보세요.

언제 있었던 일인가요?	
누구를 부러워했나요?	
부러워한 이유가 무엇인가요?	

제목 :

대청소 하는 날

방에 떨어진 쓰레기를 공처럼 뻥 찼다. 그걸 보고 아빠가 말씀하셨다.
"돼지우리가 따로 없네. 꿀꿀 돼지가 친구 하자고 하겠다. 우리 대청소하자."

아빠는 바닥에 떨어진 과자 부스러기랑 먼지를 청소기로 슝 빨아들였다. 나는 걸레를 물에 적셔서 모니터도 닦고 액자도 닦았다. 방바닥을 닦았더니 걸레가 시커메졌다.

'허리도 아프고 팔도 쑤시네. 그동안 엄마가 많이 힘들었겠다.'

"재민이 애썼으니까 엄마가 삼겹살 구워 줄까?"

열심히 청소한 뒤에 먹는 삼겹살은 정말 맛있었다.

월   일   요일   확인

 아래와 같은 방법으로 글마중을 읽어 보세요.

① 글쓴이의 생각과 느낌을 떠올려보며 읽어 보세요.
② 내 경험을 떠올리며 읽어 보세요.

 글마중을 다시 읽고 집에서 가족을 도운 경험이 있으면 써 보세요.

①
②
③
④

월   일   요일   확인

이야기 돋보기

 다음 글을 읽고 알맞은 답을 고르거나 쓰세요.

　방에 떨어진 쓰레기를 공처럼 뻥 찼다. 그걸 보고 아빠가 말씀하셨다.
　"돼지우리가 따로 없네. 꿀꿀 돼지가 친구 하자고 하겠다. 우리 대청소하자."

1. 아빠는 재민이가 쓰레기 차는 모습을 보고 어떤 생각을 했을까요? (　　)

　① '축구 잘하겠네.'　　② '힘이 좋은 걸.'
　③ '쓰레기통에 버려야지.'　④ '나도 해 볼까?'

2. "돼지우리가 따로 없네."라는 말은 무슨 뜻일까요? (　　)

　① 돼지우리가 가깝다.　　② 네 방이 돼지우리같이 더럽다.
　③ 돼지우리를 따로 만들자.　④ 돼지우리가 없다.

3. 아빠는 왜 "돼지가 친구 하자고 하겠다."고 했을까요? (　　)

　① 잘 먹어서　　　② 뚱뚱해서
　③ 방이 더러워서　　④ 친구가 없어서

4. 아빠는 왜 대청소를 하자고 했을까요?

이야기 돋보기

 다음 글을 읽고 알맞은 답을 고르거나 쓰세요.

> 아빠는 바닥에 떨어진 과자 부스러기랑 먼지를 청소기로 슝 빨아들였다. 나는 걸레를 물에 적셔서 모니터도 닦고 액자도 닦았다. 방바닥을 닦았더니 걸레가 시커메졌다.

1. 아빠는 무엇을 했나요? ( )

   ① 빗자루로 쓸었다.　　② 걸레질을 했다.
   ③ 청소기를 밀었다.　　④ 방바닥을 닦았다.

2. 재민이가 한 일이 <u>아닌</u> 것은 무엇인가요? ( )

   ① 옷을 빨았다.　　② 액자를 닦았다.
   ③ 방바닥을 닦았다.　④ 모니터를 닦았다.

3. 청소를 하고 나니 걸레는 어떻게 되었나요?

   ┌─────────────┐
   │   │
   └─────────────┘

4. 걸레가 시커메진 걸 보니 방은 원래 어땠을까요? ( )

   ① 원래 깨끗했다.　　② 매우 더러웠다.
   ③ 물감이 묻어 있었다.　④ 원래 검은색 바닥이다.

5. 재민이가 걸레로 닦지 <u>않은</u> 곳은 어디인가요? ( )

   ① 모니터　　② 방바닥
   ③ 액자　　　④ 천장

월   일   요일   확인

 다음 글을 읽고 알맞은 답을 고르거나 쓰세요.

'허리도 아프고 팔도 쑤시네. 그동안 엄마가 많이 힘들었겠다.'
"재민이 애썼으니까 엄마가 삼겹살 구워 줄까?"
일하고 난 뒤에 먹는 삼겹살은 정말 맛있었다.

1. 청소를 하고 나서 재민이는 무슨 생각을 했나요? (,   )

　① 힘들다.　　　　　　② 다시는 하지 말아야지.
　③ 재미있다.　　　　　④ 그동안 엄마가 힘들었겠다.

2. 엄마는 청소가 끝나고 무엇을 해 주셨나요?

　☐

3. 엄마는 왜 재민이에게 삼겹살을 구워 주셨을까요? (   )

　① 재민이가 공부를 열심히 해서
　② 재민이가 먹고 싶다고 해서
　③ 재민이가 열심히 청소해서
　④ 삼겹살을 새로 사와서

낱말 창고

월   일   요일   [확인]

<예시>처럼 낱말을 넣어 문장을 만들어 보세요.

<예시>
- 방에 떨어진 쓰레기를 공처럼 뻥 찼다.
- 독수리처럼 하늘을 날고 싶다.
- 쟁반같이 둥근 달이 떴어요.

비슷한 것에 토씨 '~처럼', '~같이'를 붙여서 나타내요.

아빠처럼	
사자같이	
아기	
천사	

월   일   요일   확인

 가족을 기쁘게 하거나 슬프게 한 일이 있나요? 기억 나는 일을 골라 글을 써 보세요.

누구와의 일인가?	⇨	
어떤 일이 있었나?	⇨	
내 느낌은 어땠나?	⇨	

제목 :

우리말 약속

월   일   요일   확인

도구나 재료를 나타내는 토씨 '로', '으로'를 알아보고, 빈칸에 알맞은 토씨를 써 보세요.

당근으로 주스를 만들어요.   연필로 글씨를 써요.

도구나 재료를 나타낼 때는 '~로', '~으로'를 씁니다.

	산가지〔로〕 집을 만들었다.
	토스터〔로〕 식빵을 구웠어요.
	클립〔으로〕 종이를 집어라.
	양팔저울〔로〕 무게〔를〕 비교하세요.
	밀가루〔로〕 반죽〔을〕 했다.
	늑대는 입김〔으로〕 돼지〔의〕 집을 부쉈다.

선생님께 한마디 앞 글자에 ㄹ이 아닌 받침이 있으면 '으로'를 쓰고 받침이 없거나 ㄹ받침이 있으면 '로'를 씁니다.

월   일   요일 [확인]

우리말 약속

 다음 문장에서 알맞은 토씨를 골라 ○ 하세요.

1. 가위(로 / 으로) 색종이(을 / 를) 오려요.

2. 쌀(로 / 으로) 밥(을 / 를) 해요.

3. 얼음(로 / 으로) 팥빙수(을 / 를) 만들어요.

4. 망치(로 / 으로) 못(을 / 를) 박아요.

5. 색연필(로 / 으로) 그림(을 / 를) 그려요.

6. 고추장(로 / 으로) 떡볶이(을 / 를) 만들어요.

7. 콩(로 / 으로) 두부(을 / 를) 만들어요.

8. 휴대폰(로 / 으로) 전화(을 / 를) 걸어요.

9. 고무줄(로 / 으로) 머리(을 / 를) 묶어라.

10. 모자(로 / 으로) 햇빛(을 / 를) 가려라.

월   일   요일 [확인]

 **알맞은 토씨를 <보기>에서 골라 써 보세요.**

1. 수민이 ☐ 머리 ☐ 예쁘게 잘랐다.

2. 엄마 ☐ 토마토 ☐ 스파게티를 해주셨다.

3. 젓가락 ☐ 라면 ☐ 먹었다.

4. 동생 ☐ 가위 ☐ 빌려주었다.

5. 수민이 ☐ 칼 ☐ 빵을 썰었다.

6. 나는 크레파스 ☐ 그림 ☐ 그렸다.

7. 어버이날 ☐ 아빠 발 ☐ 닦아드렸다.

8. 짝 ☐ 빌려준 붓 ☐ 그림을 그렸다.

<보기> 이 가 을 를 에 로 으로

엄마 몰래 먹은 라면

일요일에 엄마가 외할머니댁에 가셨다. 오빠와 내가 배고프다고 했더니 아빠가 우릴 보며 씩 웃으셨다.

"우리끼리 오랜만에 라면 먹을까?"

"엄마는 몸에 나쁘다고 못 먹게 하는데, 아빠는 역시 최고야!"

라면이 팔팔 끓는 걸 보니 입안에 군침이 돌았다. 달걀을 넣으니 부글부글 끓어올라 라면이 꼭 거품 목욕을 하는 것 같았다.

라면은 얼큰하고 쫄깃쫄깃했다. 오빠는 뜨거운 라면을 '후후' 불며 후딱 먹더니 맵다고 물을 벌컥벌컥 마셨다. 엄마 몰래 먹으니까 더 맛있었다.

 아래와 같은 방법으로 글마중을 읽어 보세요.

① 글쓴이의 생각과 느낌을 떠올려보며 읽어 보세요.
② 내 경험을 떠올리며 읽어 보세요.

 라면을 먹는 모습을 보면 엄마가 어떤 말을 할지 상상하여 써 보세요.

월   일   요일   확인

 다음 글을 읽고 알맞은 답을 고르거나 쓰세요.

　　일요일에 엄마가 외할머니댁에 가셨다. 오빠와 내가 배고프다고 했더니 아빠가 우릴 보며 씩 웃으셨다.
　　"우리끼리 오랜만에 라면 먹을까?"
　　"엄마는 몸에 나쁘다고 못 먹게 하는데, 아빠는 역시 최고야!"

1. 일요일에 엄마는 왜 집에 안 계셨나요? ┈┈┈┈ (　　　)
   ① 친구를 만나러 나가셨다.　② 외할머니댁에 가셨다.
   ③ 교회에 가셨다.　　　　　　④ 라면을 사러 가셨다.

2. 배고프다고 했더니 아빠는 뭐라고 했나요?

   ┌─────────────────────┐
   │   │
   └─────────────────────┘

3. 평소에는 왜 라면을 먹지 못했을까요? ┈┈┈┈ (　　　)
   ① 라면이 없어서　　　　② 라면을 싫어해서
   ③ 라면이 몸에 나쁘다고 엄마가 못 먹게 해서

4. "아빠는 역시 최고야!"라고 말한 이유는 무엇일까요? (　　　)
   ① 라면을 먹고 싶었으니까　② 엄마에게 허락을 받아서
   ③ 아빠가 용돈을 주셔서　　④ 아빠가 잘생겨서

이야기 돋보기

월   일   요일 [확인]

 다음 글을 읽고 알맞은 답을 고르거나 쓰세요.

> 라면이 팔팔 끓는 걸 보니 입안에 군침이 돌았다. 달걀을 넣으니 부글부글 끓어올라 라면이 꼭 거품 목욕을 하는 것 같았다.

1. 라면이 끓고 있는 것을 보며 어떤 생각을 했나요? (   )

   ① 목욕을 하고 싶었다.   ② 내가 끓여 보고 싶었다.
   ③ 입에 군침이 돌았다.   ④ 엄마가 올까 봐 걱정이 됐다.

2. 라면이 끓는 걸 보고 왜 입안에 군침이 돌았을까요? (   )

   ① 먹고 싶어서   ② 감기에 걸려서
   ③ 입이 아파서   ④ 뜨거워서

3. '입안에 군침이 돌았다'는 어떤 뜻일까요? (   )

   ① 침이 흘렀다.   ② 먹고 싶어 침이 고였다.
   ③ 뜨거웠다.   ④ 먹고 싶어 침을 뱉었다.

4. 달걀을 넣으니 어떻게 되었나요? (   )

   ① 라면 국물이 넘쳤다.   ② 달걀이 뭉쳤다.
   ③ 부글부글 끓어올랐다.   ④ 맛이 없어졌다.

5. 달걀이 끓는 모양을 보고 무엇과 비슷하다고 생각했나요?

   꼭 라면이 [   ] 을 하는 것 같았다.

월   일   요일   확인

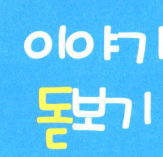

 다음 글을 읽고 알맞은 답을 고르거나 쓰세요.

　라면은 얼큰하고 쫄깃쫄깃했다. 오빠는 뜨거운 라면을 '후후' 불며 후딱 먹더니 맵다고 물을 벌컥벌컥 마셨다. 엄마 몰래 먹으니까 더 맛있었다.

1. 라면 맛은 어땠나요?

　　[   ]

2. 오빠는 라면을 어떻게 먹었나요? ･････････････････････ (　　　)

　① 천천히 먹었다.　　　② 뜨거워서 후후 불며 먹었다.
　③ 맛없게 먹었다.　　　④ 맛있어서 혼자 먹었다.

3. 오빠는 왜 물을 벌컥벌컥 마셨나요? ･･････････････････ (　　　)

　① 뜨거워서　　　　　　② 맛있어서
　③ 매워서　　　　　　　④ 짜서

4. 오빠는 라면을 먹고 어떤 말을 했을까요? (　　　,　　　)

　① "아, 정말 맛있다."　　② "우와, 맵다."
　③ "아이, 맛없어."　　　 ④ "라면은 몸에 나빠."

5. 라면이 왜 더 맛있다고 했나요? ･･･････････････････････ (　　　)

　① 맛있는 라면을 사와서　② 맛있게 끓여서
　③ 엄마 몰래 먹어서　　　④ 아빠가 끓여줘서

낱말 창고

월   일   요일   [확인]

 맛을 표현하는 말을 배워 봅시다. 문장에 어울리는 낱말을 <보기>에서 한 개나 두 개를 골라 써 보세요.

1. 엄마가 사준 떡볶이가 [매콤하면서 쫄깃했다.]

2. 생일 케이크는 너무 [   ]

3. 물냉면을 먹고 나니 [   ]

4. 치즈가 살살 녹아 [   ]

5. 김치가 너무 익어 [   ]

6. 약은 [   ] 먹기 싫다.

7. 엄마가 끓인 육개장이 [   ]

8. 할머니가 "된장국이 [   ]"고 하신다.

9. 국이 [   ] 간을 좀 더해야겠다.

10. 이를 닦지 않았더니 입이 [   ]

<보기>
맵다	매콤하다	얼큰하다	달다	달콤하다
쓰다	쌉쌀하다	시다	시큼하다	새콤하다
쫄깃하다	구수하다	살살 녹는다	시원하다	짭짤하다
떫다	싱겁다	고소하다	느끼하다	텁텁하다

월   일   요일   확인

 반대말을 배워 봅시다.

 반대말을 배워보고 문장을 만들어 보세요.

	어둡다	밤이 되니 창밖이 어둡다.
	밝다	햇빛이 비치니 온 집안이 밝다.

	켜다	
	끄다	

	낮다	
	높다	

낱말 창고

월   일   요일   확인

 '꼭 ~같았다'라고 표현하는 말을 배워 봅시다. <예시>처럼 비슷한 모습을 생각해보고, 밑줄 친 곳을 채워 쓰세요.

<예시>
달걀을 넣으니 부글부글 끓어올랐다.
라면이 꼭 거품 목욕을 하는 것 같았다.

연필을 떨어뜨렸는데 데굴데굴 굴러갔다.
꼭 _____ 같았다.

바람이 쌩쌩 불어 머리카락이 마구 날렸다.
꼭 _____ 같았다.

털이 많은 하얀 강아지가 반갑다고 막 뛰어 왔다.
강아지가 꼭 _____ 같았다.

밥을 많이 먹어 배가 쑥 나왔다.
내 배가 꼭 _____ 같았다.

많이 걸어서 다리가 너무 무거웠다.
내 다리가 꼭 _____ 같았다.

월   일   요일   확인

 여러분도 엄마 몰래 무언가를 해 본 적이 있나요? 어떤 일을 했는지, 그때 기분이 어땠는지 글을 써 보세요.

엄마 몰래 한 일	
기분이 어땠나요?	
나중에 어떻게 되었나요?	

제목 :

 여러분은 라면에 무엇을 넣어 먹나요? 친구에게 맛있는 라면을 끓이는 방법을 소개해 주세요.

〈 맛있는 라면 끓이는 방법 〉

♣ 나만의 맛있는 라면을 그려 주세요.

할아버지랑 나랑 똑같아요

  지효의 생일과 할아버지 생신은 같은 날입니다. 지효는 2005년 6월 8일에 태어났습니다. 할아버지는 1955년 6월 8일에 태어나셨습니다. 지효의 나이는 10살이고 할아버지의 연세는 60세입니다.

  생일에 가족들은 할아버지 댁에 모였습니다. 케이크에 지효를 위한 작은 초 10개를 꽂았습니다. 할아버지 연세에 맞게 큰 초 6개도 꽂았습니다. 가족들이 생일 축하 노래를 불렀습니다. 지효와 할아버지는 함께 케이크의 촛불을 껐습니다.

신나는 글읽기

월   일   요일   확인

 아래와 같은 방법으로 글마중을 읽어 보세요.

① 소리를 내어 또박또박 읽어 보세요.
② 같은 뜻을 가진 낱말을 찾아 ○를 하면서 읽어 보세요.

 아래 문장에서 높임말로 써야 하는 낱말을 찾아 고쳐 보세요.

- 지효의 **생일**과 할아버지 **생일**은 같은 날입니다.

- 지효의 **나이**는 10살이고 할아버지의 **나이**는 60세입니다.

- 생일에 가족들은 할아버지 **집**에 모였습니다.

☆ 높임말 : 사람이나 물건을 높여서 부르는 말
　　　　(예) 말씀, 진지, ~습니다 등

☆ 예사말 : 높이거나 낮추는 말이 아닌 보통 말

월   일   요일   확인

 다음 글을 읽고 알맞은 답을 고르거나 쓰세요.

　지효의 생일과 할아버지 생신은 같은 날입니다. 지효는 2005년 6월 8일에 태어났습니다. 할아버지는 1955년 6월 8일에 태어나셨습니다. 지효의 나이는 10살이고 할아버지의 연세는 60세입니다.

1. 지효와 할아버지는 무엇이 같나요? ……………… (　　　)
   ① 이름　　② 생일　　③ 나이　　④ 키

2. 지효의 생일은 언제인가요? ☐

3. 할아버지께서 태어나신 해는 몇 년도인가요? ……… (　　　)
   ① 2005년　② 1968년　③ 1955년　④ 1905년

4. 지효의 나이는 몇 살인가요? ………………………… (　　　)
   ① 여섯 살　② 여덟 살　③ 아홉 살　④ 열 살

5. 아래 낱말의 높임말을 윗글에서 찾아 쓰세요.
   • 생일 → ☐　　• 나이 → ☐

이야기 돋보기

월   일   요일 [확인]

 다음 글을 읽고 알맞은 답을 고르거나 쓰세요.

생일에 가족들은 할아버지 댁에 모였습니다. 케이크에 지효를 위한 작은 초 10개를 꽂았습니다. 할아버지 연세에 맞게 큰 초 6개도 꽂았습니다. 가족들이 생일 축하 노래를 불렀습니다. 지효와 할아버지는 함께 케이크의 촛불을 껐습니다.

1. 생일에 가족들은 어디에 모였나요? ( )

   ① 지효네 집   ② 식당   ③ 할아버지 댁   ④ 공원

2. 할아버지 연세에 맞추려면 초를 어떻게 꽂아야 하나요? ( )

   ① 작은 초 6개를 꽂는다.   ② 큰 초 6개를 꽂는다.
   ③ 작은 초 10개를 꽂는다.   ④ 큰 초 10개를 꽂는다.

3. 지효와 할아버지는 왜 케이크의 촛불을 함께 껐나요? ( )

   ① 지효와 할아버지 생일이 같은 날이기 때문에
   ② 지효가 할아버지와 촛불을 끄고 싶다고 해서
   ③ 할아버지가 힘이 없으셔서
   ④ 혼자 촛불을 끄면 부끄러우니까

4. 아래 낱말의 높임말을 윗글에서 찾아 쓰세요.

   • 집 ⋯▶ [   ]

월   일   요일   확인

 높임말을 바르게 사용하는 방법을 알아봅시다.

① 사람을 나타내는 낱말에 '~께'나 '~께서'를 붙인다.
☞ 선생님께서 민수를 부르셨습니다.

② '~시~', '~셨~'을 넣는다.
☞ 아빠는 회사에 가시고 저는 학교에 갑니다.
☞ 엄마가 여행을 가셨습니다.

③ 높임의 뜻을 가진 낱말을 사용한다.
☞ 여름방학에 할아버지댁에 갈게요.

 아래 문장에서 빨간색 부분을 높임말로 고쳐 보세요.

	"아빠, 밥 먹어요." → 아빠, _____ 드세요.
	할아버지가 잠을 잡니다. → 할아버지____ _____ .
	엄마는 과일을 사러 갔다. → 엄마는 과일을 사러 _____ .
	"수업시간에 선생님 말 잘 들어야 된다." → "수업시간에 선생님 ____을 잘 들어야 된다."

"배 타러 가자고요?"

지난 주말, 현수네 과수원에 삼촌이 놀러 오셨습니다. 현수네 삼촌은 커다란 고기잡이 배를 운전하는 선장입니다.

"현수야, 삼촌이랑 같이 배 따러 갈래?"

"네? 같이 배 타러 가자고요?"

삼촌은 껄껄껄 웃으며 말씀하셨습니다.

"현수가 배 타고 싶었구나? 이를 어쩐담? 과수원에 배 따러 가자는 말이었는데?"

"에이, 저는 배 타는 줄 알고 엄청 좋아했는데."

현수는 삼촌과 이야기를 나누며 오후 내내 과수원에서 배를 땄습니다. 출출해서 커다란 배를 하나 깎아 먹었더니 배가 너무 불렀습니다.

★ **과수원**: 과일 나무를 많이 심어 가꾸는 곳

선생님께 한마디 동음이의어를 배우고자 합니다. 평소에 자주 쓰는 낱말 중에서 동음이의어를 찾아보고 글 속에서 낱말 뜻을 알 수 있도록 해 주세요.

월   일   요일   확인

 아래와 같은 방법으로 글마중을 읽어 보세요.

① 소리 내어 정확하게 읽어 보세요.
② '배'라는 낱말에 ○를 하고 무슨 뜻인지 생각하면서 읽어 보세요.

 아래 글에서 '배'라는 낱말에 ○를 하고 알맞은 그림과 연결해 보세요.

"현수야, 삼촌이랑 같이 배 따러 갈래?"
"네? 같이 배 타러 가자고요?"
삼촌은 껄껄껄 웃으며 말씀하셨습니다.
"현수가 배 타고 싶었구나? 이를 어쩐담? 과수원에 배 따러 가자는 말이었는데?"
"에이, 저는 배 타는 줄 알고 엄청 좋아했는데."
현수는 삼촌과 이야기를 나누며 오후 내내 과수원에서 배를 땄습니다. 출출해서 커다란 배를 하나 깎아 먹었더니 배가 너무 불렀습니다.

   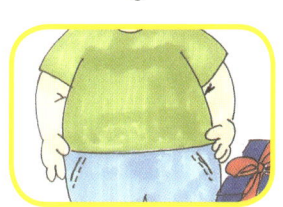   

이야기 돋보기

월   일   요일 [확인]

 다음 글을 읽고 알맞은 답을 고르세요.

지난 주말, 현수네 과수원에 삼촌이 놀러 오셨습니다. 현수네 삼촌은 커다란 고기잡이 배를 운전하는 선장입니다.
"현수야, 삼촌이랑 같이 배 따러 갈래?"
"네? 같이 배 타러 가자고요?"

1. 현수 삼촌은 어떤 일을 하나요? ( )

   ① 선생님   ② 선장   ③ 비행사   ④ 농부

2. 삼촌은 어떤 배를 운전하나요? ( )

   ① 사람을 태우는 배   ② 물건을 싣고 가는 배
   ③ 고기를 잡는 배   ④ 군인들이 타는 배

3. 위의 밑줄 친 '배'와 같은 뜻으로 쓰인 문장을 고르세요. ( )

   ① 엄마가 과일가게에서 큰 배를 사오셨다.
   ② 할머니가 사는 제주도까지 배를 타고 갔다.
   ③ 배가 너무 아파서 보건실에 갔다.
   ④ 배가 아주 달고 맛있다.

4. 글의 내용과 다른 문장을 고르세요. ( )

   ① 현수네는 과수원을 한다.   ② 삼촌은 큰 배를 운전한다.
   ③ 주말에 삼촌이 놀러 왔다. ④ 삼촌이 배를 보여 주었다.

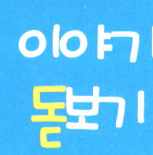

월   일   요일   확인

 다음 글을 읽고 알맞은 답을 고르세요.

"현수야, 삼촌이랑 같이 <u>배</u> 따러 갈래?"
"네? 같이 배 타러 가자고요?"
삼촌은 껄껄껄 웃으며 말씀하셨습니다.
"현수가 배 타고 싶었구나? 이를 어쩐담? 과수원에 배 따러 가자는 말이었는데?"
"에이, 저는 배 타는 줄 알고 엄청 좋아했는데."

1. 위의 밑줄 친 '배'와 같은 뜻으로 쓰인 문장을 고르세요. (   )

   ① 현수는 <u>배</u>를 타고 세계여행을 하고 싶다.
   ② 아빠는 <u>배</u>가 많이 나오셨다.
   ③ 냉장고에서 시원한 <u>배</u>를 꺼내 먹었다.
   ④ <u>배</u>를 탈 때는 구명조끼를 꼭 입어야 한다.

2. 현수는 삼촌의 말을 어떻게 이해했나요? (   )

   ① 배 타러 가자는 줄 알았다.   ② 배를 먹자는 줄 알았다.
   ③ 과수원에 가자는 줄 알았다.   ④ 놀러 가자는 줄 알았다.

3. 소리가 같지만 뜻이 다른 낱말이 있습니다. 설명과 그림을 연결해 보세요.

    •   • "현수야, 같이 배 따러 갈래?"

    •   • "배 타러 가자고요?"

이야기 돋보기

월   일   요일   확인

 다음 글을 읽고 알맞은 답을 고르세요.

현수는 삼촌과 이야기를 나누며 오후 내내 과수원에서 배를 땄습니다. 출출해서 커다란 배를 하나 깎아 먹었더니 배가 너무 불렀습니다.

1. 현수가 삼촌과 한 일이 <u>아닌</u> 것을 고르세요. ……… (   )

   ① 과수원에서 배를 땄다.
   ② 이야기를 나누었다.
   ③ 배를 구경하러 갔다.
   ④ 배를 깎아 먹었다.

2. 다음 문장에서 '출출해서'란 표현은 어떤 뜻일까요? (   )

   출출해서 커다란 배를 하나 깎아 먹었더니

   ① 배가 고파서   ② 배가 불러서
   ③ 배가 출발해서   ④ 심심해서

3. 위의 밑줄 친 '배'와 같은 뜻으로 쓰인 문장을 고르세요. (   )

   ① 바다에 태풍이 불어서 배가 많이 흔들렸다.
   ② 어제부터 배가 아파서 병원에 갔다.
   ③ 아빠와 배를 타고 낚시를 했다.
   ④ 추석 선물로 배 한 상자를 받았다.

월   일   요일   확인

🧑‍🎓 소리가 같지만 뜻이 다른 낱말을 알아봅시다.

밤		추석에 가족들과 산에서 밤을 땄다.
	(밤하늘 그림)	어두운 밤하늘에 별이 많다.

말	(대화 그림)	도서실에서는 말을 소곤소곤하세요.
	(말 그림)	제주도에서 말을 탔어요.

🧑‍🎓 그림을 보고, 낱말의 뜻을 생각하여 짧은 문장을 만들어 보세요.

소리가 같지만 뜻이 다른 낱말을 알아봅시다. 아래 그림에 맞는 문장을 각각 만들어 보세요.

타다

(버스)	
(고기 굽는 그림)	

감다

(실뭉치)	
(머리 감는 그림)	

말랐다

(마른 아이)	
(빨래)	

떡 박물관

토요일에 가족들과 종로에 있는 떡 박물관에 갔다. 나와 윤지는 꽃산병을 만들었다. 한복을 입은 박물관 선생님께서 만드는 법을 설명해 주셨다.

"떡 반죽 안에 팥을 넣고 동그랗게 만들어 보세요. 그리고 마음에 드는 떡살을 골라 꾹 눌러주세요."

나는 연꽃무늬 떡살을, 윤지는 모란무늬 떡살을 골라 꾹 눌렀다.

선생님이 만든 떡은 동글 납작 예쁜데 내가 만든 떡은 울퉁불퉁 팥투성이였다. 그래도 아빠는 "우리 딸들이 떡도 만들고 다 컸네."라고 말씀하셨다.

★꽃산병: 흰떡 안에 팥고물을 넣고 떡살로 누른 떡
★★떡살: 떡을 눌러 여러 가지 무늬를 찍어내는 판
*사진출처: 윤이린이의 감성 푸드 스토리 (Mrs.U Sensibility food story)

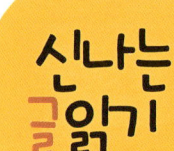

 글마중을 읽고 아래 사진에 맞게 꽃산병 만드는 방법을 써 보세요.

① ....
....

② ....
....

③ ....
....

*사진출처: 윤이린이의 감성 푸드 스토리 (Mrs.U Sensibility food story)

월   일   요일   확인

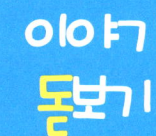

 다음 글을 읽고 알맞은 답을 고르거나 쓰세요.

    토요일에 가족들과 종로에 있는 떡 박물관에 갔다. 나와 윤지는 ★꽃산병을 만들었다. 한복을 입은 박물관 선생님께서 만드는 법을 설명해 주셨다.

  ★꽃산병: 흰떡 안에 팥고물을 넣고 떡살로 누른 떡

1. 토요일에 가족들과 어디에 갔나요?

   ☐

2. 오른쪽 사진처럼 흰떡 안에 팥고물을 넣고 떡살로 누른 떡을 무엇이라고 하나요?

   ☐

3. 한복을 입은 선생님께서는 무엇을 설명해 주셨나요? (　　)
  ① 한복을 입는 방법
  ② 박물관을 관람하는 방법
  ③ 인절미를 만드는 방법
  ④ 꽃산병을 만드는 방법

이야기 돋보기

월   일   요일 [확인]

 다음 글을 읽고 알맞은 답을 고르거나 쓰세요.

"떡 반죽 안에 팥을 넣고 동그랗게 만들어 보세요. 그리고 마음에 드는 ★떡살을 골라 꾹 눌러주세요."

나는 연꽃무늬 떡살을, 윤지는 모란무늬 떡살을 골라 꾹 눌렀다.

★떡살: 떡을 눌러 여러 가지 무늬를 찍어내는 판

1. 꽃산병을 만들기 위해 가장 먼저 해야 할 일은 무엇인가요?
   (   )

   ① 한복을 입는다.　　　② 마음에 드는 떡살을 고른다.
   ③ 떡살 무늬를 찍는다.　④ 떡 반죽 안에 팥을 넣는다.

2. 오른쪽 사진처럼 떡을 눌러 여러 가지 무늬를 찍어내는 판을 무엇이라고 하나요?

3. 꽃산병 만드는 순서에 맞게 번호를 쓰세요.

떡 반죽 안에 팥을 넣는다.	떡살로 꾹 눌러준다.	반죽을 동그랗게 만든다.

월   일   요일   확인

 다음 글을 읽고 알맞은 답을 고르세요.

　토요일에 가족들과 종로에 있는 떡 박물관에 갔다. 나와 윤지는 꽃산병을 만들었다. 한복을 입은 박물관 선생님께서 만드는 법을 설명해 주셨다.

　"떡 반죽 안에 팥을 넣고 동그랗게 만들어 보세요. 그리고 마음에 드는 떡살을 골라 꾹 눌러주세요."

　나는 연꽃무늬 떡살을, 윤지는 모란무늬 떡살을 골라 꾹 눌렀다.

　선생님이 만든 떡은 동글 납작 예쁜데 내가 만든 떡은 울퉁불퉁 팥투성이였다. 그래도 아빠는 "우리 딸들이 떡도 만들고 다 컸네."라고 말씀하셨다.

1. 다음 중 맞는 설명에는 ○, 틀린 설명에는 X를 하세요.

① 떡 박물관은 종로에 있다.	
② 나와 윤지는 인절미를 만들었다.	
③ 박물관 선생님은 한복을 입으셨다.	
④ 나는 모란무늬 떡살을 찍었다.	
⑤ 내가 만든 떡은 동글 납작 예뻤다.	
⑥ 아빠는 우리를 기특해 하셨다.	

낱말 창고

월   일   요일 [확인]

 여러 가지 떡의 이름을 알아봅시다.

송편
콩, 밤 등의 소를 넣고 솔잎을 넣어 찐 떡으로 추석의 대표적인 음식

인절미
찹쌀을 쪄서 떡메로 친 다음 콩고물을 묻힌 떡

팥시루떡
쌀가루와 팥을 차례로 쌓아 시루에 찐 떡

개피떡
흰떡 안에 팥소를 넣고 반달모양으로 만든 떡

약식
찹쌀밥에 꿀, 간장, 밤 등을 넣어 찐 떡

찹쌀떡
찹쌀로 만들며 안에 단 팥을 넣은 떡

♥ 내가 좋아하는 떡은 ⬚ 입니다.

*사진출처: 윤이린이의 감성 푸드 스토리 (Mrs.U Sensibility food story)

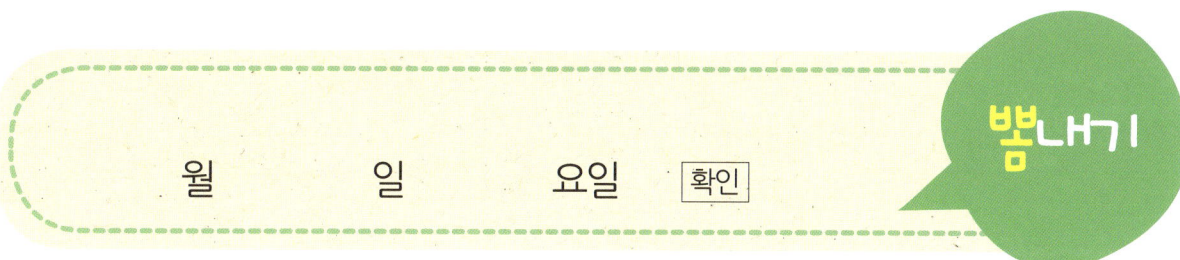

월   일   요일   확인

 떡을 눌러 여러 가지 무늬를 찍어내는 판을 떡살이라고 합니다. 꽃무늬, 수레바퀴 무늬, 태극무늬 등 여러 가지 무늬가 있지요. 내가 만들고 싶은 떡살 무늬를 그려보고, 어떤 무늬인지 설명하는 글을 써 보세요.

내가 만든 떡살은 _____ 무늬입니다.

이 무늬는

우리말 약속

월   일   요일   [확인]

 토씨 '와', '과'를 알아보고, 빈칸에 알맞은 토씨를 써 보세요.

나눔 장터에 공과 책을 냈다.

엄마와 공부해요.

이어주거나 풀이말을 꾸며줄 때 '와', '과'를 씁니다.
* '와'는 받침이 없는 말 뒤에 '과'는 받침이 있는 말 뒤에 씁니다.

	손님 ⬚ 이야기를 나누었다.	
	민수 ⬚ 영희는 포스터를 만들었다.	
	아빠 ⬚ 엄마는 빨래 ⬚ 널었다.	
	삼촌 ⬚ 쌀보리게임 ⬚ 했어요.	
	동생 ⬚ 오빠 ⬚ 대답을 했다.	
	황소 ⬚ 생쥐들 ⬚ 사이좋게 지냈다.	

[선생님께 한마디] '와, 과'는 접속조사와 부사격 조사로 사용합니다. '영수와 철수는 떠났다.'에서 '와'는 접속조사이고 '영수는 철수와 떠났다.'에서 '와'는 '떠났다'를 수식하는 부사격 조사입니다.

월   일   요일   확인

우리말 약속

 다음 문장에서 알맞은 토씨를 골라 ○ 하세요.

1. 영수(와 / 과) 지민이(이 / 가) 싸웠어요.

2. 지수(와 / 과) 보드게임 (을 / 를) 해요.

3. 얼음(와 / 과) 팥(로 / 으로) 팥빙수를 만들어요.

4. 풀(와 / 과) 가위(을 / 를) 가져 오세요.

5. 나(은/ 는) 동생(와 / 과) 매일 싸운다.

6. 햄버거(와 / 과) 피자 중에 골라.

7. 선생님(와 / 과) 국어공부(을 / 를) 했다.

8. 엄마(와 / 과) 자전거(을 / 를) 탔어요.

9. 놀이공원(와 / 과) 수영장(에 / 에서) 가고 싶어요.

10. 선풍기(와 / 과) 에어컨(을 / 를) 함께 틀어.

우리말 약속

월   일   요일 [확인]

 토씨 '에게'를 알아보고, 빈칸에 알맞은 토씨를 써 보세요.

친구에게 가방을 맡겼다.

뱀에게 물릴 뻔 했다.

사람이나 동물 뒤에 '에게'를 붙여 씁니다.

🐰	토끼 ___	당근을 주었다.
👨‍👦	엄마 ___	자전거를 타자고 졸랐다.
👩😣	엄마 ___	잔소리 ___ 들었다.
👦👦	친구 ___	머리 ___ 맞았다.
👦	민수 ___	걱정거리가 있었다.
🔫	친구 ___	물총 ___ 쏘았어요.

선생님께 한마디 '에게'는 체언 뒤에 붙어 일정하게 제한 범위를 나타내거나(예: 철수에게 돈이 많다.) 어떤 행동이 미치는 대상을 나타내거나(예: 새에게 먹이를 주다.) 어떤 행동을 일으키는 대상임을 나타내는(예: 개에게 물리다.) 격조사입니다.

월   일   요일   확인

우리말 약속

 다음 문장에서 알맞은 토씨를 골라 ○ 하세요.

1. 아기(에 / 에게) 장난감(을 / 를) 주었어요.

2. 엄마(에 / 에게) 안내장 (을 / 를) 드려라.

3. 나(의 / 에게) 너(은 / 는) 진정한 친구야.

4. 강아지(에 / 에게) 밥(을 / 를) 주거라.

5. 민수(가 / 에게) 장난(을 / 를) 치지 마라.

6. 고양이(는 / 에게) 통조림(을 / 를) 주어라.

7. 너(는 / 에게) 무엇(을 / 를) 주면 되니?

8. 엄마(의 / 에게) 선물(을 / 를) 하고 싶어요.

9. 아저씨(는 / 에게) 이것(을 / 를) 갖다 드려라.

10. 동생(이 / 에게) 물(을 / 를) 뿌려야지.

우리말 약속

월   일   요일   [확인]

 알맞은 토씨를 <보기>에서 골라 써 보세요.

1. 나 ☐ 공룡인형 ☐ 줘.

2. 친구 ☐ 우리 집 ☐ 놀러 왔다.

3. 아빠 ☐ 엄마는 동생 ☐ 선물을 했다.

4. 수희는 숟가락 ☐ 아이스크림 ☐ 먹었다.

5. 오빠 ☐ 강아지 ☐ 먹이 ☐ 주었다.

6. 영호는 연필 ☐ 글씨 ☐ 커다랗게 썼다.

7. 동생 ☐ 나는 빗자루 ☐ 청소 ☐ 했다.

8. 친구 ☐ 음료수 ☐ 주었다.

<보기> 은 는 이 가 을 를
         로 으로 와 과 에게

월   일   요일   [확인]

 그림을 보고 알맞은 토씨를 넣어 문장을 써 보세요.

	우리들은 강당에서 합창연습을 했습니다.
	민수와 철수 _____

선생님께 한마디   아이들이 임자말을 쓰기 어려워하면 도움을 주세요. 내가 아는 사람 이름을 쓰거나 지어내도 됩니다.

우리말 약속

월   일   요일   [확인]

 그림을 보고 알맞은 토씨를 넣어 문장을 써 보세요.

	민수가 빵집에서 빵과 우유를 사왔습니다.
	수학시간에 철수 _____

주말에
가고 싶은 곳을
써 보세요

> 좋아하는 친구들의 이름을 써 보세요

가족들의 생일을 써 보세요

마음대로
그려 보세요